Jacob Burckhardt-Gespräche auf Castelen

Band 36

Jürgen Osterhammel

Jacob Burckhardts
«Über das Studium der Geschichte»
und die Weltgeschichtsschreibung
der Gegenwart

Schwabe Verlag

Die Jacob Burckhardt-Gespräche auf Castelen
wurden im Rahmen der Römer-Stiftung Dr. René Clavel
begründet von Dr. iur. Dr. phil. h.c. Jacob Frey-Clavel.

Direktorium:
Prof. Dr. Gottfried Boehm · Prof. Dr. Gunnar Hindrichs ·
Prof. Dr. Kurt Seelmann

MIX
Papier aus verantwor-
tungsvollen Quellen
FSC® C083411

Bibliografische Information der Deutschen Nationalbibliothek
Die Deutsche Nationalbibliothek verzeichnet diese Publikation in der Deutschen
Nationalbibliografie; detaillierte bibliografische Daten sind im Internet über
http://dnb.dnb.de abrufbar.

Umschlaggestaltung: icona basel gmbh, Basel
Satz: Schwabe Verlag, Berlin
Druck: CPI books GmbH, Leck
Printed in Germany
ISBN Printausgabe 978-3-7965-4081-3
ISBN eBook (PDF) 978-3-7965-4110-0
DOI 10.24894/978-3-7965-4110-0
Das eBook ist seitenidentisch mit der gedruckten Ausgabe und erlaubt Volltextsuche.
Zudem sind Inhaltsverzeichnis und Überschriften verlinkt.

rights@schwabe.ch
www.schwabeverlag.ch

Inhalt

1 Einleitung

«Burckhardts Zeit», so hat der Geschichtsphilosoph Heinz Dieter Kittsteiner beobachtet, «kommt immer wieder dann, wenn in Deutschland ein heroisches Selbstverständnis zusammenbricht [...].»[1] Als nach der hochherzigen und durchaus heroischen Aufnahme hunderttausender von nahöstlichen und afghanischen Bürgerkriegsflüchtlingen im Herbst 2015 der Idealismus der deutschen «Willkommenskultur» auf die Alltagsprobleme gesellschaftlicher Praxis stieß, als zudem das stabile deutsche Parteiensystem, gekennzeichnet durch einen ritualisierten Antagonismus zweier «Volksparteien», erstmals tektonische Verschiebungen erlebte und die gewohnte Normalität der Nachkriegsjahrzehnte zur Debatte stand, da bedurfte es nicht des 200. Geburtstages am 25. Mai 2018, um die Frage nach der Aktualität Jacob Burckhardts neu zu stellen.

In der *Frankfurter Allgemeine Zeitung* schrieb deren Herausgeber Jürgen Kaube mit Sympathie über Burckhardts «Abneigung gegen lineare Geschichtsmodelle», sein Verständnis von Geschichtsschreibung als «Erziehung zur Nachdenklichkeit» und seine Warnungen «vor dem nostalgischen Bedürfnis nach vergangener Größe».[2] Der Zürcher Historiker Bernd Roeck betonte wie viele andere Kommentatoren Burckhardts Skepsis gegenüber der heraufziehenden Moderne, sah ihn aber keineswegs nur als eine rückwärtsgewandte Gestalt unter vielen anderen in der Geschichte des europäischen Konservativismus: «Uns Heutigen hat er indes mehr zu sagen als wohl alle anderen Historiker des 19. Jahrhunderts – vielleicht weil sich die düsteren Prognosen des Basler Propheten, der kein Prophet

1   Kittsteiner (2004), 77.
2   Kaube (2018).

sein wollte, inzwischen bis zur Neige erfüllt haben.»[3] Roecks Kollege Volker Reinhardt stellte einen noch schärferen Kontrast auf: Teile von Burckhardts Werk, etwa sein Bild des Renaissance-Papsttums, hätten schon zu ihrer Entstehungszeit «nicht höchsten wissenschaftlichen Standards, wie sie das Werk Rankes kennzeichnen», genügt. Dennoch werde der «Basler Weltweise» als einziger unter seinen Geschichte schreibenden Zeitgenossen bis heute gelesen, denn er habe «Weltliteratur» geschaffen.[4] Dass auch kritische Stimmen laut wurden, die Burckhardt Elitismus oder Sozialdarwinismus vorwarfen und seine Gedankenführung für «zumindest diffus» hielten, darf nicht verschwiegen werden.[5]

Die Frage nach der Aktualität Jacob Burckhardts wurde auch außerhalb der Schweiz und Deutschlands gestellt. «In 2018 we seem to be living in Burckhardt's world», schrieb der Kunstkritiker Jonathan Jones im Londoner *Guardian*, erinnere doch eine zynische Ästhetisierung und Theatralisierung von Politik in der Ära Donald Trumps, ihre Perversion zu «a mad art form», an das Treiben an italienischen Höfen um 1500, wie Burckhardt es 1860 mit kühlem Blick beschrieben hatte.[6] Im Wiener *Standard* portraitierte Oliver vom Hove Burckhardt als einen höchst zeitgemäßen «Entzauberer von Geschichtsmythen».[7] In Italien erinnerte der Romancier und Essayist Roberto Calasso an Burckhardt als den Inbegriff eines «nüchternen» Geschichtsschreibers.[8]

Der profundeste Beitrag zur Feier des Burckhardt-Jubiläums in den Medien stammte von dem Historiker und Publizisten Gustav Seibt. Ihn erinnerten manche Passagen in der *Cultur der Renaissance in Italien* «an heutige Zustände in schnell zu Wohlstand

3   Roeck (2018).
4   Reinhardt (2018).
5   Sammet (2018).
6   Jones (2018).
7   Vom Hove (2018).
8   Calasso (2019), 104.

kommenden Schwellenländern». Die besten Stücke aus Jacob Burckhardts Œuvre seien «unüberholbar frisch» dank einer «Denkform", die sich charakterisieren lasse als «eine auf unerhörte empirische Kenntnis gegründete Kasuistik und die absichtsvoll bis ins Alter kultivierte Fähigkeit zum Staunen».[9] Bereits einige Jahre zuvor hatte Seibt festgestellt, Jacob Burckhardt sei «der freimütigste Historiker des 19. Jahrhunderts» gewesen – «und darum ist er der lebendigste von ihnen geblieben».[10]

Jacob Burckhardts Wirkung kommt es zugute, dass einige seiner wichtigsten Texte erst in unserer Zeit dank engagierter Editoren zugänglich werden. Seine umfangreichen Entwürfe der zwischen 1859 und 1883 wiederholt gehaltenen Vorlesungen zur Geschichte des Revolutionszeitalters sind erst 2009 veröffentlicht worden,[11] die Vorlesungen zu einer Epoche, die man heute als «frühe Frühe Neuzeit» bezeichnen würde, erst 2016.[12] Die Reaktionen auf diese neu erschlossenen Burckhardt-Schätze zeigen, dass es bei ihnen um mehr geht als nur um museale Traditionspflege. Der amerikanische Historiker Helmut Walser Smith spendete das größte Lob, das einem Historiker mehr als ein Jahrhundert nach seinem Tod aus der Sicht der heutigen hochprofessionellen Geschichtsforschung zuteil werden kann: Burckhardts Vorlesungen über das Revolutionszeitalter seien ein Beweis dafür, «that previous generations of historians knew more about some things than we generally do».[13]

Allerdings bleibt eine breitere internationale Rezeption aus. Es wird lange dauern, bis die Erträge der kritischen Gesamtausgabe zumindest teilweise in Übersetzungen zugänglich werden. Burckhardts internationaler Ruhm bleibt einstweilen wie bisher schon auf

9   Seibt (2018).
10   Seibt (2012).
11   Burckhardt (2009).
12   Burckhardt (2016).
13   Walser Smith (2012), 329. Zu den Vorlesungen vgl. auch Seibt (2013).

das Renaissancebuch beschränkt.[14] Es ist charakteristisch, dass die englische Übersetzung der *Weltgeschichtlichen Betrachtungen*, die 1943 erschien, zuletzt 1979 nachgedruckt wurde und gegenwärtig im Buchhandel nicht mehr erhältlich ist.[15] Weit verbreitete internationale Kompendien zu Geschichtstheorie und Historiographiegeschichte erwähnen das Werk nicht und kennen im Grunde nur den Burckhardt des Renaissance-Buches.[16]

In den folgenden Überlegungen soll es nicht darum gehen, Jacob Burckhardt als Nothelfer in existentieller Bedrängnis anzurufen. Am Ende wird jedoch eine eingeschränkt bejahende Antwort auf die Frage stehen, die Patrick Bahners am 13. Juni 2018 mit robuster Ironie in der Überschrift eines Artikels über Burckhardts Konzept der Renaissance in der *Frankfurter Allgemeinen Zeitung* gestellt hat: «Rentiert sich die Lektüre des Klassikers noch?»[17] Sie rentiert sich, aber aus welchen Gründen und bis zu welchem Punkt?

Die Antwort auf diese Frage wird den größten Teil von Burckhardts riesigem Œuvre ignorieren.[18] Sie stammt nicht aus der Burckhardt-Forschung und ist nicht in erster Linie als Beitrag zu ihr gedacht. Vielmehr entspringt sie einer bewusst naiven Neu-Lektüre Burckhardts durch einen praktizierenden «Globalhistoriker» und benutzt Burckhardts Gedanken letztlich zu einem anderen Zweck:

14 Auch die große Jubiläumstagung der British Academy blieb darauf beschränkt: «Burckhardt at 200: 'The Civilization of the Italian Renaissance' Reconsidered», British Academy, London, 31. Mai – 1. Juni 2018.

15 Burckhardt (1943a, 1943b, 1979). Zu Burckhardts relativ breiter Rezeption in Japan vgl. Meyer (2009), 19f.

16 Etwa Tucker (2009); Woolf (2011); Woolf (2019); Lang (2014). Die Erwähnungen von Burckhardt im internationalen Standardwerk zur Historiographiegeschichte sind knapp und oberflächlich: Macintyre u.a. (2011); die konkreteste Angabe lautet, Burckhardt habe nicht chronologisch erzählt, sondern «an analytical model of three 'powers'» verwendet: Fuchs (2011), 67.

17 Bahners (2018).

18 Zur Einführung in Burckhardt vor allem Hardtwig (2006); Meyer (2009).

der Kritik an Einseitigkeiten der heutigen Welt- und Globalge-schichtsschreibung. Die hier gewählte Perspektive ist daher bewusst eng gefasst. Eng ist sie aus zwei Gründen: Erstens soll es nur um einen einzigen Text gehen, das 1905, acht Jahre nach Burckhardts Tod, erschienene Buch *Weltgeschichtliche Betrachtungen*, das unter Fachleuten der Burckhardt-Philologie nur noch in seiner hand-schriftlich skizzierten Vorform unter dem Titel «Über das Studium der Geschichte» zur Kenntnis und ernst genommen wird.[19] Und selbst diese reiche Schrift – für einen ihrer besten Kenner ein «un-ergründliches, immer wieder zu befragendes Buch»[20] – soll nicht in all ihren Facetten berücksichtigt werden.

Zweitens sollen zwei Kon-Texte mindestens ebenso sehr inte-ressieren wie der Text selbst: seine Entstehungszeit, also die späten 1860er Jahre, und das, was man die neueste Renaissance der Welt-geschichtsschreibung nennen könnte, eine Entwicklung ungefähr der letzten drei Jahrzehnte.

In dieser Renaissance, die eine internationale Entwicklung ist, bei der die englischsprachige Literatur vorangeht, hat Jacob Burck-hardt bisher keine Rolle gespielt. Das mag unter anderem dem oberflächlichen Grund geschuldet sein, dass die *Weltgeschichtlichen Betrachtungen* international unter einem Titel bekannt sind, in dem das Stichwort «Weltgeschichte» nicht vorkommt und der die Sorgen des Jahres 1943 spiegelt, als diese erste englische Übersetzung – 1938 war eine französische Ausgabe vorausgegangen[21] – erschien: *Force and Freedom: Reflections on History*. Weil aber die einschlägigen Stichworte fehlen, fällt Burckhardts Schrift durch die bibliographi-schen Suchraster heutiger Welt- und Globalhistoriker. Sein Name

---

19   Burckhardt (1982); im Folgenden wird die definitive Ausgabe benutzt: Burckhardt (2000).
20   Schulin (1997), 81.
21   Burckhardt (1938); zur Nicht-Rezeption Burckhardts in Frankreich vgl. Vaisse (2004). Eine japanische Übersetzung erschien 1948, eine italieni-sche folgte erst 1996.

taucht in der tonangebenden Literatur sehr selten auf. Von den drei besten methodologischen Einführungswerken in die Globalgeschichte kennen zwei ihn gar nicht;[22] im dritten erscheint er nur beiläufig als Renaissance-Historiker.[23] Ein weiteres Überblickswerk beschränkt sich auf die seltsame und offenbar durch Textkenntnis wenig gestützte Feststellung, Burckhardt habe versucht, «de relier une histoire à la manière de Ranke à des études de la société».[24] Wenn Burckhardt in der internationalen Literatur überhaupt erwähnt wird, dann häufig in einem Sekundärbezug auf die eigenwillige Burckhardt-Interpretation in Hayden Whites berühmtem und weit verbreitetem Buch *Metahistory: The Historical Imagination in Nineteenth-century Europe* aus dem Jahre 1973.[25] Selbst manche Geschichts*theoretiker*, die nicht mit deutschsprachiger Literatur umzugehen gewöhnt sind, dürften Burckhardt hauptsächlich aus Whites Paraphrase und Kritik kennen. White sieht ihn als einen Virtuosen der «satirischen» Auffassung von Geschichte, als einen apolitischen und damit gewissermaßen vorgreifend postmodernen Ästheten, in dessen Werk – abermals wird vom Renaissance-Werk her verallgemeinert – «historical knowledge is definitely separated from any relevance to the social and cultural problems of his own time and place».[26] White reaktiviert hier einflussreich die Legende vom unpolitischen Kulturhistoriker, die James Hastings Nichols bereits 1943 mit guten Argumenten in Zweifel gezogen hatte.[27]

Wer sich von Trivialisierungsversuchen in der Manier Hayden Whites nicht abschrecken lässt und, motiviert durch das große heutige Interesse an Welt- und Globalgeschichte, zu einem Buch

---

22   Olstein (2015); Conrad (2016).
23   Manning (2003), 18.
24   Stanziani (2018a), 53; Burckhardt fehlt ganz in Stanziani (2018b).
25   White (1973), 230–264.
26   White (1973), 233.
27   Nichols (1943), Kaegi (1947–82, VI/1, 131–133) hält den Aufsatz des Hajo-Holborn-Schülers Nichols für die überhaupt erste niveauvolle Auseinandersetzung mit den *Betrachtungen*.

greift, das den verlockenden Titel *Weltgeschichtliche Betrachtungen* trägt, der wird rasch einen anderen Fremdheitseffekt erleben. Er oder sie wird schon auf den ersten Seiten merken, dass hier weder die Geschichte der Welt chronologisch erzählt noch der Anspruch erhoben wird, Europa als Teil eines umfassenden globalen Zusammenhangs zu relativieren und aus dem Mittelpunkt der Betrachtung zu rücken. Warum es sich dennoch – um nochmals Patrick Bahners zu zitieren – «rentiert» weiterzulesen, soll im Folgenden begründet werden.

2. Kontexte und Aktualisierung – historiographische Klassiker in ihrer Zeit und unserer

Wir haben gelernt, Texte der Vergangenheit zu historisieren, sie aus ihrem Entstehungs- und Rezeptionszusammenhang heraus zu verstehen. Wenn sich Historiker dem Denken der Vergangenheit – und damit auch der Geschichte ihres eigenen Faches – zuwenden, dann ist ihr erster Impuls ein ideengeschichtlicher. Zwei früher geübte Zugangsweisen sind dabei der Kritik verfallen. Erstens ist es aus der Mode gekommen, Genealogien und Einflussketten zu konstruieren. So wäre es ein müßiges Unterfangen, dem Prestige heutiger Weltgeschichtsschreibung nachhelfen zu wollen, indem man ihr eine illustre Ahnengalerie verschafft und ihre Legitimität aus einer langen, aber kaum noch zum Anschluss an die Gegenwart tauglichen Tradition begründet.[28] Wenn man heute nichts mehr von Voltaire, Herder oder Oswald Spengler lernen kann und will, warum soll man sie dann als Vorläufer reklamieren?

Zweitens ist robuste Aktualisierung in Verruf geraten. Nur noch in den Abgründen sinnstiftender Pädagogik hält sich die Frage: Was kann Platon, Spinoza, Hegel – oder jeder andere Klassiker – uns heute sagen? Hier seien allerdings Bedenken im Geiste von Jacob Burckhardt selbst angemeldet, der immer wieder Traditionsverlust, den Abbruch einer Überlieferungskontinuität, fürchtete und bedauerte[29] und deshalb trotz seiner Abneigung gegen das «Philistertum» zur Lieblingsautorität von Bildungskonservativen

---

28 So etwa bei Manning (2003), 3–54; Sachsenmaier (2015).
29 Zu Tradition und der zentralen Bedeutung von «Teilhabe» bei Burckhardt vgl. Boehm (1991).

geworden ist.[30] Die allgemeine Kenntnis klassischer Autoren – und dies gilt kaum weniger für Burckhardts Jahrgänger und Mitjubilar des Jahres 2018 Karl Marx – scheint in schnellem Rückgang begriffen zu sein. Man rettet sie vielleicht noch dadurch, dass man sie zu *lieux de mémoires* umetikettiert, aber gelesen werden sie dadurch vermutlich nicht häufiger. Große Editionen kultur- und sozialwissenschaftlicher Autoren wie die *Kritische Gesamtausgabe* der Werke Jacob Burckhardts, die mit der *Marx-Engels-Gesamtausgabe* (MEGA) oder der *Max-Weber-Gesamtausgabe* auf einer Stufe steht, können in ihrer kulturellen Bedeutung nicht überschätzt werden. Sie bleiben jedoch museale Monumente, wenn die so rekonstruierten und gepflegten Autoritäten aus dem Referenzkosmos heutiger Diskussionen verschwinden. Dies ist keine grundlose Befürchtung angesichts der Amnesie ganzer Wissenschaftsrichtungen. In der analytischen Philosophie ist die gesamte philosophische Tradition vor Gottlob Frege, Bertrand Russell und Ludwig Wittgenstein weithin irrelevant geworden; in großen Teilen der Cultural Studies entsteht der Eindruck, vor dem Poststrukturalismus der 1970er und 1980er Jahre sei wenig Nennenswertes geschrieben worden. Historiker, die eigentlich dem kulturellen Vergessen widerstehen sollten, haben paradoxerweise einen besonders schwachen Traditionsbezug. Die empirische Forschung zu fast jedem erdenklichen Thema ist über die berühmten Historiker des «langen» 19. Jahrhunderts hinweggegangen. Nur in seltenen Fällen werden historische Forschungsarbeiten, die vor dem Ersten Weltkrieg erschienen sind, als fortdauernd respektable Beiträge zum jeweiligen Gegenstand gewürdigt, als – mit einem schönen englischen Ausdruck – «lasting orthodoxies».

Ältere Geschichtsschreibung überlebt dank ihrer literarischen Qualitäten. Selbst wenn in Edward Gibbons *Decline and Fall of the*

---

30 Zu diesem Strang der Burckhardt-Rezeption vgl. Rebenich (2018), bes. 42–44.

Roman Empire keine Sachaussage mehr ernsthaft diskussionswürdig sein sollte, selbst wenn in Jules Michelets *Histoire de la Révolution Française* oder Johan Huizingas *Herbst des Mittelalters* wenig dem strengen Maßstab des heutigen Forschungsstandes genügt, haben diese Texte den scharfen Wettbewerb der kulturellen Evolution und Selektion überstanden. Sie werden weiter gedruckt und gelesen. Bei den meisten Berühmtheiten der Vergangenheit ist das freilich nicht der Fall. Wenn es um Schriften zur *Theorie* der Geschichte geht – also Büchern, die unter einem ähnlichen Titel wie dem Burckhardtschen «Über das Studium der Geschichte» stehen oder stehen könnten – sieht es nicht besser aus.[31] Das älteste Werk dieser Art, das in historischen Seminaren noch gelesen wird, dürfte Marc Blochs *Apologie pour l'histoire* sein, zwischen 1941 und 1943 verfasst und 1949 postum erschienen.[32] Die hochkomplizierten Abhandlungen des 19. Jahrhunderts zur Philosophie und Methodologie der historischen Forschung sind heute aus der Historikerausbildung weithin verschwunden, daher neuen Generationen praktizierender Historikerinnen und Historiker unbekannt: Johann Gustav Droysens *Historik*, Wilhelm Diltheys Schriften zur Grundlegung der Geisteswissenschaften oder Max Webers «Objektivitätsaufsatz». Vermutlich gilt dies auch für Jacob Burckhardts *Weltgeschichtliche Betrachtungen*, einen Text von größerer Anschaulichkeit als die eben genannten, aber keineswegs geringerem Anspruch. Er beginnt mit konzentriert formulierten fundamentalen Aussagen «Über geschichtliches Studium», bevor er in die Entfaltung der «Potenzenlehre» übergeht, des systematischen Kerns von Burckhardts Gedankenführung. Diese ersten Seiten von Burckhardts Text werden in der methodologischen Literatur der Geschichtswissenschaft heute nur (noch) selten zitiert. Aber man sollte sie neben Marc Blochs unvergängliche Schrift stellen. Beide verzichten auf eine schulmäßige Systematik und propagieren keine absolut gesetz-

---

31 Vgl. die Anthologie Stern/Osterhammel (2011).
32 Bloch (1993).

ten Lehrmeinungen; sie führen denkend an die Geschichte heran und lassen Lesern die Freiheit zum Widerspruch.

Indem man einen alternativen Relevanzbezug für Burckhardts facettenreichen Text konstruiert und ihn nicht mit Methodologie, sondern mit Weltgeschichtsschreibung in Verbindung bringt, betritt man freilich eine schwankende Brücke, die Burckhardts Neffe Jakob Oeri nach dem Tod des Onkels mit der Wahl des Titels *Weltgeschichtliche Betrachtungen* gebaut hat. Wissenschaftlich ist diese Brücke kaum noch zu begehen. Seit Peter Ganz, Vorarbeiten Ernst Zieglers weiterführend, 1982 Burckhardts aus mehreren Entstehungsschichten bestehendes Vorlesungsskript unter dem Originaltitel «Über das Studium der Geschichte» zugänglich gemacht hat,[33] ist die von Jakob Oeri redigierte Leseausgabe bedeutungslos geworden, wenn es darum geht, Burckhardts Aussageintentionen zu erfassen. Auf der anderen Seite haben selbst die kritischsten Experten Oeris Fließtext ihren Respekt nicht versagt und dem Bearbeiter keine tendenziöse Verfälschung vorgeworfen, bestenfalls leichte Akzentverschiebungen, die Burckhardt selbst vermutlich ebenso kritisch gesehen hätte wie den Titel *Weltgeschichtliche Betrachtungen*. Insgesamt aber, so der Grundtenor der Beurteilung, hat Oeri geschickt und gewissenhaft gearbeitet; man hätte es zu seiner Zeit kaum besser machen können. Nur Puristen werden sein gesamtes Unternehmen verwerfen. Auch sie kommen um die Tatsache nicht herum, dass ohne Oeris 1905 erschienene Ausgabe der Text unbekannt geblieben wäre. Die gesamte deutschsprachige und internationale Rezeption beruht auf dieser Textfassung. Sie wird durch das ungeglättete und daher für komfortgewohnte Leser schwer auffassbare Skriptenmaterial niemals ganz ersetzt werden können.[34] Die *Kriti-*

33 Burckhardt (1982).
34 Der Herausgeber selbst, Peter Ganz, hat das so gesehen: «[...] erst der Kenner der Weltgeschichtlichen Betrachtungen wird verlangen, den Text so zu lesen, wie er wirklich vorliegt.» (Ganz, 1982, 55), Und selbst das «Neue Schema» reproduziert nicht das, was Burckhardt, frei spre-

sche Gesamtausgabe hat neben der maßgeblichen Rekonstruktion der Vorlesungsnotizen in zwei Varianten (oder «Schemata») Jakob Oeris Version mit abgedruckt und der Buchpublikation *Weltgeschichtliche Betrachtungen* von 1905 damit eine Art von Gütesiegel aufgeprägt. Es muss allerdings stets Ernst Schulins Mahnung beachtet werden, nicht jedes Wort auf die Goldwaage zu legen, denn in welcher Fassung auch immer lesen wir «nicht nur mehr als Burckhardt veröffentlichen wollte, sondern auch mehr, als er sagen wollte» und vermutlich gesagt hat.[35]

chend, tatsächlich vorgetragen hat (Ganz, 1982, 61), Auch Kaegi (1947–82), VI/1, 50.

35   Schulin (1983), 7.

3. Jacob Burckhardts
«Allgemeine Geschichte» in der
Zeitenwende der 1860er Jahre

Der erste Blick auf Jacob Burckhardt soll ihn in seiner Zeit sehen.[36] Die Ausarbeitung des Manuskripts des Vorlesungszyklus über das Studium der Geschichte begann im Sommer 1868, wurde im Wintersemester 1868/69 konzentriert vorangetrieben und zog sich dann in verschiedenen Phasen noch bis 1873 hin.[37] Dann schloss Burckhardt die Akte und kam auf das Thema nie wieder zurück. Er hat nicht ausdrücklich Weltgeschichte als Verlaufs- oder gar Heilsgeschichte geschrieben. Vielmehr stellte er sich mit einer gewissen Selbstverständlichkeit in die Tradition der «Allgemeinen Geschichte», das heißt, einer Geschichtserwägung, die sich über ihre räumliche Reichweite keine Gedanken machen musste.[38] Sie war nicht die Geschichte eines einzelnen Landes oder auch eines wie immer definierten Europa, sondern die Geschichte all derjenigen Völker, über die Gebildete unterrichtet waren, ohne überall gleichermaßen gründliche Quellenstudien getrieben zu haben. Die Allgemeine Geschichte war ein Schreibmodus, der geringeren Nachweispflichten genügte als die monographische Abhandlung, eine durchaus wissenschaftlich kontrollierte Reflexionsform, bei der die Kompetenz des Schreibenden jedoch unterschiedlich verteilt war, sich zum Horizont hin verdünnte. (Dies ist immer noch zwangsläufig so. Niemand der zahlreichen Weltgeschichtsschreiber, die heute aktiv sind, kennt sich gleichmäßig gut aus, alle ziehen sich gerne auf ihre

---

36   Für den unmittelbaren Basler Zusammenhang vgl. Gossman (2000).
37   Ganz (1982), 52.
38   Grundlegend zu den verschiedenen Bedeutungen des «Allgemeinen» bei Burckhardt ist Ruehl (2006, 29–32; 2013).

jeweiligen «Komfortzonen» fundierten Wissens zurück und verlassen sie nur mit Vorsicht und Unbehagen.) Die Allgemeine Geschichte war zu Burckhardts Zeit kein streng definiertes Genre, sondern eine weit ausdeutbare Schreibweise. Hier konnte man sich frei entfalten, zumal in einer allgemeinen Kulturgeschichte, deren weiter Kulturbegriff von einer Fixierung auf die kanonischen Macher und Mächte entband, ohne Generalisierungen auszuschließen, die Burckhardt in seiner Vorlesung nicht nebensächlich einflocht, sondern in immer neuen Anläufen anstrebte.[39]

Jacob Burckhardt, der immer schon literarisch experimentiert hatte und dessen Respekt vor vorgefundenen Formen und Genres sich in Grenzen hielt, nutzte diese Spielräume großzügig aus. Das hat seinem Text jenen charakteristischen Ton verliehen, den man in der zweiten Hälfte des 19. Jahrhunderts sonst nirgendwo findet; die *Weltgeschichtlichen Betrachtungen* haben ein Art von unverkennbarem «Sound», den auch Burckhardt selbst kaum je wiederholt hat: eine innige Verflechtung von raum-zeitlich unspezifischen apodiktischen Verallgemeinerungen – nehmen wir ein heute in seiner Aussage problematisches Beispiel: «Ein Volk lernt wirklich seine volle Nationalkraft nur im Kriege, im vergleichenden Kampf gegen andere Völker kennen»[40] – mit überraschenden Beispielen und konzisen Konstellationsanalysen. Selbst in seinen theorieförmigsten Äußerungen entfernt sich Burckhardt nicht von dem Goetheschen Grundsatz, das Universale sei nur im Besonderen erfassbar.[41]

39   Vgl. auch Ruehl (2013), 52.
40   Burckhardt (2000), 465. Sätze wie diese haben Burckhardt den Ruf eingetragen, ein Verherrlicher des Krieges zu sein. Der Satz ist aber bis heute korrekt: Das tatsächliche Maß an *hard power*, über das ein internationaler Akteur verfügt, kann im Frieden nur annähernd als «Potenzial» ermittelt werden.
41   Ein Gemeinplatz unter Goethefreunden. Kaegi (1947–82, II, 58) meint, Burckhardt habe diese Haltung u. a. von Ranke übernommen.

Mehreres floss in den Vorlesungen zusammen und wurde von dem Autor, der in jenem Sommer 1868 noch nicht der «Basler Weltweise» (Volker Reinhardt) war, sondern ein gerade fünfzig Jahre alt gewordener Professor der Geschichte und Kunstgeschichte, zu einem einzigartigen Gedankengebilde verdichtet.

Erstens ist es wichtig zu sehen, dass Burckhardt kein Kompendium und keine Synthese anstrebte. Es gab seit der vielbändigen englischen *Universal History*, die ab 1736 *peu à peu* erschienen war,[42] eine europäische Tradition von empirisch – also nicht primär universalhistorisch und geschichtsphilosophisch – fundierten weltgeschichtlichen Synthesen und Sammelwerken, wie sie bis heute nicht abgerissen ist.[43] Die umfangreiche Literatur dieser Art aus dem 19. Jahrhundert ist mittlerweile vergessen, und sie ist auch historiographiegeschichtlich nicht besonders interessant. Hier ordnete sich Jacob Burckhardt ausdrücklich *nicht* ein.[44] Ein faktizistischer Totalanspruch war ihm suspekt. Über den unterrichtsbedingten Zwang zur «chronologischen Scheinvollständigkeit» klagte er 1879 gegenüber Friedrich von Preen.[45]

Was er zeitbedingt mit den besten Vertretern dieser polyhistorisch oder enzyklopädisch orientierten Literatur teilte, war ein «empirischer Eurozentrismus», den man von einem «Gesinnungs-Eurozentrismus» unterscheiden könnte. Die erste Spielart bezieht sich auf die Grenzen des Wissbaren zu einer Zeit, als die europäische Orientforschung noch in den Kinderschuhen steckte, die zweite auf die wertende Gewissheit der europäischen Überlegenheit über alle anderen Zivilisationen. Beide Formen sind verwandt, aber nicht deckungsgleich. Man kann in die unhintergehba-

---

42 Abbattista (1985); Conrad (2010).

43 Bergenthum (2002).

44 Burckhardt kannte z. B. die weit verbreitete Weltgeschichte des Heidelberger Gymnasialprofessors Georg Weber: Weber (1857–80), vgl. Burckhardt (2000), 563.

45 Burckhardt an Friedrich von Preen, 16. Juli 1879: Burckhardt (1949–94), VII, 34.

ren Notwendigkeiten eines empirischen Eurozentrismus verstrickt sein, ohne daraus eine triumphalistische Weltdeutung abzuleiten. Umgekehrt benötigt der Gesinnungseurozentriker, von der Superiorität des Okzidents *a priori* überzeugt, kaum Daten und Fakten, die ihm als Beweis seiner Haltung dienen.

Ein Gesinnungseurozentrismus war auf dem Höhepunkt europäischer Weltherrschaft in Europa weiter verbreitet als im Zeitalter der Aufklärung, als noch eine gewisse ökonomische und machtpolitische Balance zwischen Europa und Asien bestand[46] und Afrika noch weithin unbekannt war. Es ist jedoch anachronistisch und ungerecht, europäischen Welthistorikern des frühen und mittleren 19. Jahrhunderts vorzuwerfen, sie hätten Weltgegenden ignoriert, über die man damals unendlich viel weniger wusste als in unserer Zeit. Dies galt zum Beispiel für Japan, China und das subsaharische Afrika. Als Jacob Burckhardt in den sechziger Jahren seine Vorlesungen über das historische Studium konzipierte, war es nahezu unmöglich, sich über die Geschichte dieser Räume auch nur minimal verlässlich zu informieren. Zu Japan lagen allein verstreute Arbeiten des Niederländers Isaac Titsingh vor.[47] Noch in den ersten Jahren nach der Öffnung Japans 1854 waren etwa die britischen Vorstellungen über die Geographie und Geschichte Japans «vague in the extreme».[48] Wer um 1850 oder noch 1870 über die Geschichte Chinas schreiben und sich darüber ohne jahrelange Quellenstudien im schwierigen klassischen Chinesisch unterrichten wollte, der fand in keiner europäischen Sprache brauchbare Literatur. Trotz all ihrer Verdienste waren die Jesuiten, die Europa seit etwa 1600 mit einem Strom von Nachrichten über China versorgt hatten, keine besonders interessierten und einfallsreichen Historiker; aus China hatten sie sich nach der Auflösung ihres Ordens

---

46 Osterhammel (2018).
47 Titsingh (1820). Die erste umfassende Geschichte des neuzeitlichen Japan erschien erst kurz nach Burckhardts Tod.
48 Hudson (1961), 322.

zurückgezogen. Nach der militärischen Öffnung Chinas im Opiumkrieg entstanden zunächst Reiseberichte und Landeskunden, aber erst kaum historische Werke. Um die Mitte der sechziger Jahre gab es in keiner europäischen Sprache eine narrative Darstellung auch nur einer Teilepoche der chinesischen Geschichte.[49] Selbst für Indien sah es trotz einer britischen Kolonialpräsenz, die bis in die 1760er Jahre zurückreichte, nur unwesentlich besser aus; hier konnte man immerhin auf Regionalhistorien und quellengestützte Darstellungen zur Geschichte des Mogulreiches zurückgreifen.[50] Nur zur Geschichte des geographisch näher liegenden Osmanischen Reiches, zum neuzeitlichen Iran und zu einzelnen Abschnitten aus der Geschichte der arabischen Staaten des Mittelalters gab es neuere europäische Darstellungen auf breiter Quellengrundlage und von zureichender analytischer Qualität, die Burckhardt teilweise kannte.[51] Die vorderasiatische Archäologie hatte um 1860 ihre großen Erfolge noch vor sich. Die Geschichte der altorientalischen Reiche konnte erst in den Jahrzehnten danach empirisch solide geschrieben werden.[52]

49 Berkelbach van der Sprenkel (1973), 161–164.
50 Ein Standardwerk um die Mitte des 19. Jahrhunderts war etwa Elphinstone (1841). Wie Schopenhauer und andere Zeitgenossen zeigte Burckhardt zeitweise ein Interesse am Buddhismus, der freilich im «mittelalterlichen» und neuzeitlichen Indien kaum noch eine Rolle spielte: Kaegi (1947–82), IV, 238.
51 Maßgebende Werke waren: Hammer-Purgstall (1827–35); Malcolm (1815); Weil (1846–1862). Vgl. zu diesen und anderen Autoren mehrere Beiträge in Lewis/Holt (1962). Zu Burckhardts Kenntnissen dieser Literatur vgl. Ruehl (2018), 16.
52 Wie jeder ordentliche Universalhistoriker, hat auch Burckhardt, angeregt durch Johann Gustav Droysen, dennoch eine Vorlesung zur Geschichte des Alten Orients gehalten, bereits 1854/55: Kaegi (1947–82), III, 558. Zu Burckhardt früher Beschäftigung mit dem Alten Orient: Kaegi (1947–82), II, 37f.; III, 115–120. In der Nachfolge Gibbons schloss er in seine frühen Vorlesungen über das Mittelalter auch das Mongolische Weltreich ein: Kaegi (1947–82), II, 351f.

In den 1860er Jahren waren mithin weltgeschichtliche Synthesen, die nicht allein auf antiken Autoritäten, der Bibel, neuzeitlichen Reiseberichten und purer Spekulation beruhten, noch nicht möglich.[53] Selbst wenn Jacob Burckhardt sich für diese Art von breit ausgeführter Weltgeschichtsschreibung stärker interessiert hätte, als er es tat, wären die 1860er Jahre, eine Zeit an der Schwelle zu einem großen Aufschwung der historischen Orientstudien in Europa, dafür ein ungünstiger Moment gewesen. Oder auch ein günstiger, denn man könnte das Argument umkehren: Auf seiner zweiten Londonreise hatte Burckhardt 1879 das Erlebnis der Übermächtigung durch die neuartigen Mengen von Wissen über die ganze Welt, denen er in Museen und Bibliotheken begegnete, besonders im Britischen Museen und den entstehenden Museen in South Kensington. Burckhardt, so fasst Werner Kaegi die Briefe aus London zusammen, «hatte das Gefühl, daß nicht nur das Bauen, sondern auch das Wissen seine menschlichen Verhältnisse gesprengt habe und ins Leere stoße».[54] Weniges hat ihm so stark den Eindruck der Beschleunigung und des Umsturzes alter Verhältnisse vermittelt wie die Veränderung der Metropole seit seinem ersten Besuch im Oktober 1860.[55] Als er im Sommer 1868 in Konstanz die Vorlesungen über das Studium der Geschichte konzipierte, war der Schleier des Nichtwissens noch nicht gelüftet; deshalb war aber auch ein unbelastetes Räsonieren, wie Burckhardt es in seinen Vorlesungen unternahm, noch leichter möglich als einige Jahre oder gar eine Generation später. Die Frage, mit der alle Welthistoriker spätestens seit

53 Die «allgemeine» Kunstgeschichte, die Burckhardt in Berlin als Student (und zeitweise dessen Mitarbeiter) bei Franz Kugler kennenlernte, bildete keine Ausnahme von dieser Regel. Vgl. Tauber (2010), bes. 120; Kaegi (1947–82), II, 32, 35; III, 66f.

54 Kaegi (1947–82), IV, 252; zur zweiten Englandreise insgesamt: ebd., 248–263.

55 Zur ersten (nur zweiwöchigen) Londonreise vgl. Kaegi (1947–82), IV, 242–244. Bereits in seiner Bonner Studienzeit hatte sich Burckhardt für das England der Gegenwart interessiert: ebd., II, 141f., 642.

dem späten 19. Jahrhundert zu kämpfen hatten, stellte sich für Burckhardt noch nicht: Wie lässt sich angesichts einer explodierenden Empire ein wissenschaftlicher Charakter von Universalgeschichte retten?[56] Um 1870 herum war eine «allgemeine»« Geschichte gerade noch möglich. Danach nahmen allmählich die Spezialgeschichten überhand, während «Weltgeschichte» zunehmend gegen den Verdacht des Dilettantismus zu kämpfen hatte. Leopold von Rankes *Weltgeschichte*, 1877 vom greisen Autor begonnen, war ein Werk dieses Übergangs, der einstweilen letzte Versuch eines namhaften Historikers, Philosophie und Geschichte unter dem Gesichtspunkt des Zusammenhangs zwischen Völkern und Nationen zu versöhnen.[57]

Eine zweite Gegebenheit, mit der Burckhardt in den sechziger Jahren rechnen musste, war die hegelianische Geschichtsphilosophie. Über Jacob Burckhardts Verhältnis zu Hegel ist viel geschrieben worden. Als Burckhardt ab 1839 an der jungen Reformuniversität Berlin studierte, lag der Hegelianismus dort noch in der Luft. Hegelschüler auf der politischen Linken wie der gemäßigten Rechten bestimmten noch eine Weile das intellektuelle Klima in Deutschland. Auch wer sich nicht ausdrücklich auf den 1831 verstorbenen Meister berief, konnte den teleologischen Geschichtskonstruktionen des Hegelianismus kaum entrinnen, auch wenn sich ab der Jahrhundertmitte der Einfluss dieser Richtung erschöpfte und eine neue Debatte um historische Objektivität das Verständnis für geschichtsphilosophische Spekulation verengte.[58] Jacob Burckhardt wendet sich zu Beginn seiner Vorlesung mit schroffer Deutlichkeit gegen ein hegelianisches Geschichtsverständnis. Obwohl hegelianische Hintergrundmotive bei Burckhardt nicht ganz fehlen,[59] ändert

---

56 Auch Ghosh (2008), 237f.
57 So die gut begründete Verteidigung des Welthistorikers Ranke gegen seine Kritiker bei Muhlack (2010).
58 Beiser (2014), 140.
59 Stadelmann (1949), 50, 63–65; Gombrich (1969), 14–25; zur Kritik vgl. Ruehl (2013), 71f.

dies nichts an der Grunddistanz, die der Text zum Ausdruck bringt. Hier hat Jacob Burckhardt eine ganz eigene Position entfaltet. Man wird sie weniger, wie es lange geschehen ist, als einen ideologisch verbissenen Pessimismus, der sich dem Fortschrittsglauben der Hegelianer entgegen stellte, bezeichnen wollen denn als eine anthropologisch fundierte wirklichkeitswissenschaftliche Skepsis.[60]

Diese Skepsis richtet sich einerseits gegen optimistische Fortschrittsnarrative, denen man allein schon auf der Ebene des Faktischen vorwerfen kann, dass sie als eine Geschichte der Sieger allzu vieles beiseite lassen. Der oft als elitär gescholtene Burckhardt war kein kritikloser Lobredner der Herrschenden und Erfolgreichen. Andererseits ist die Skepsis eine epistemologische und bezieht sich auf die Grenzen des Wissbaren. Hier hat Jacob Burckhardt deutlich wie niemand vor ihm einen Standpunkt formuliert, den die spätere Geschichtswissenschaft zu ihrem professionellen Habitus gemacht hat: Große Gesetzmäßigkeiten und Verlaufsmuster sind in der Geschichte nicht erkennbar, es lassen sich bestenfalls begrenzte Teilregularitäten erfassen. Extrapolationen aus der Vergangenheit in die Zukunft sind mit großen Unsicherheiten behaftet. Historiker sind keine besseren Propheten als andere Leute. In diesem Sinne sind sie heute fast alle Burckhardtianer.

Drittens lässt auch ein vom Gesamtduktus olympischer Text wie die *Weltgeschichtlichen Betrachtungen* erkennen, dass Jacob Burckhardt über die weite Welt seiner Gegenwart gut informiert war, obwohl ihn – wie die meisten deutschsprachigen Intellektuellen seiner Zeit – seine Reisen nicht über West- und Südeuropa hinausführten; Eindrücke von Spanien gewann er aus Gemälden von Murillo, die er im Louvre sah.[61] Während seiner Tätigkeit von 1843

60 «Anthropologie» im Sinne von Hardtwig (1974), 51–69, 179–181. Interessant ist, dass Burckhardt der universale und anti-hegeliansche Bezug auf «Wirklichkeit» bei Alexander von Humboldt beeindruckte: Kaegi (1947–82), III, 63f., auch 727f.
61 Kaegi (1947–82), III, 115f.; II, 274.

bis 1846 als Journalist bei der *Basler Zeitung* gehört es zu seinen Aufgaben, auf der Grundlage vor allem französischer Journale und Gazetten Nachrichten aus allen Ecken des Planeten zu redigieren. Damals hat er sich für die weltpolitischen Gegensätze zwischen den Großmächten England, Frankreich und Russland[62] und für koloniale Entwicklungen intensiv interessiert, etwa für den algerischen Widerstand gegen die französische Eroberung oder die Übergriffe französischer Truppen auf die einheimischen Bewohner Tahitis, auch für die Entwicklungen in Mexiko und dessen Verhältnis zu Texas.[63] Nach dem Ende seiner Pressetätigkeit blieb er bei all seiner Kritik am modernen Zeitungswesen «ein eminenter Zeitbeobachter»,[64] auch wenn es nun nicht mehr eine seiner Hauptbeschäftigungen war, aktuelle Informationen zu absorbieren. Aber er hielt sich ebenso auf dem Laufenden, wie es sein Jahrgangsgenosse Karl Marx stets war. In den *Weltgeschichtlichen Betrachtungen* finden sich Spuren davon, etwa in seinen Anspielungen auf den Amerikanischen Bürgerkrieg und die jüngsten Innovationen in der Verkehrs- und Nachrichtentechnik.[65] Jacob Burckhardt hat keineswegs alles auf die stratosphärische Ebene der bedeutendsten Ereignisse und Tendenzen gehoben, von der manche Welthistoriker bis zum heutigen Tage nie herunterfinden. Seine Auffassung von Weltgeschichte ist niemals grandios, erhaben und unpolitisch. 1874 distanzierte er sich ausdrücklich von dem, «was man pathetisch unter Weltgeschichte versteht».[66]

Das führt zu einer vierten Komponente des Textes: der Urteilsfreudigkeit des beim Dozieren belauschten Verfassers. Sie umfasst

---

62   Kaegi (1947–82), II, 437.
63   Kaegi (1947–82), II, 431. Später las er Literatur zur Entstehung der USA: ebd., V, 315f.
64   Ritter (2003); zu Burckhardts Presse-Kritik vgl. Hinde (2000), 91f.; wichtig zu Burckhardt als politischem Diagnostiker bleibt Hofmann (1971).
65   Siehe unten Seite 37.
66   An Friedrich Nietzsche, 25. Februar 1874: Burckhardt (1949–94), V, 222.

Urteile nach verschiedenartigen Maßstäben, Moral ebenso wie Erfolg, selten aber von vorhersehbaren Parteistandpunkten aus.[67] Wenn er in einem der berühmtesten Abschnitte die Frage nach dem Verhältnis von Individuen und Allgemeinem stellt, anders gesagt, wenn er über «historische Größe» als einer Ermessensvariablen räsoniert, dann tut er zunächst einmal nichts Ungewöhnliches. Dies war ein Lieblingsthema aller Geschichtsschreibung in mehreren Zivilisationen: die Bewertung von Herrschern und möglicherweise auch anderen historischen Persönlichkeiten, im alten China zum Beispiel von Gelehrten. Wertungsabstinenz als Berufsethos, gar strikte Werturteilsfreiheit, entwickelte sich erst langsam im 19. Jahrhundert und hat sich überhaupt erst in der professionalisierten Geschichtswissenschaft nach dem Zweiten Weltkrieg vollkommen durchgesetzt. Voltaire, Gibbon und Schiller waren resolute Beurteiler gewesen. Burckhardts radikaler Zeitgenosse Jules Michelet hielt mit seinen Ansichten nicht hinter dem Berg, der auf beiden Seiten des Atlantik berühmte Thomas Babington Macaulay malte ungehemmt in Schwarz und Weiß, und selbst Ranke scheute das gelegentliche kräftige Urteil nicht. Jacob Burckhardt fällt in dieser Gesellschaft durch Zurückhaltung in der Form bei Entschiedenheit in der Sache auf. Er verkündet seine Urteile nicht mit richterlichem Pomp, sondern lässt sie – eher im Ton der französischen Moralisten, die er liebte[68] – gerne nebenbei einfließen, manchmal ironisch, zuweilen grell zugespitzt. Auch hat niemand unter seinen Zeitgenossen das Urteilsproblem so gründlich durchdacht wie Jacob Burckhardt in seinen Überlegungen zur historischen Größe (unter der Überschrift «Das Individuum und das Allgemeine»), die eine unerwartet historisierende Note anschlagen: Erst das 19. Jahrhun-

67 Kaegi (1947–82), II, 194f.; Ganz (1982), 72f., 75; schon Friedrich Meinecke lobte in seiner Rezension der Oeri-Ausgabe Burckhardts «Freiheit von Schulmeinung und Konvention», in: *Historische Zeitschrift* 97, 1906, 557–562, Zitat 561.
68 Burckhardt (2000), 503; Ghelardi (2016), 228–234.

dert sei imstande, Individuen «und Sachen» nicht nur nach absolu-
ten Maßstäben der Moral und der Wirkmächtigkeit zu bewerten,
sondern auch aus dem jeweiligen Zeitkontext: «[…] *wir* erst beur-
teilen den Einzelnen von *seinen* Präzedentien, von *seiner* Zeit aus
[…]».[69]

Doch es geht nicht nur um abgewogene Gerechtigkeit in der
weiter zurück liegenden Geschichte. In den *Welthistorischen Betrachtungen*, die in dieser Hinsicht eigentlich «weltpolitische» hei-
ßen müssten, verteilt Burckhardt, ähnlich wie Marx und Engels in
ihren publizistischen Arbeiten, robuste Zensuren an lebende Ak-
teure der Zeitgeschichte. So tadelt er Napoleon III., der ihn nicht
weniger faszinierte als den Journalisten Karl Marx, dafür, dass er
1851 nicht die «einzig richtige Lösung» gewählt und später bei seiner
Einmischung in Italien eine «ganz grundfalsche Position» einge-
nommen habe.[70] Burckhardt las seinen Hörern ein Kolleg nicht nur
über Grundfragen geschichtlichen Denkens, sondern auch über
praktische Urteilsbildung in der aktuellen Politik.

Um zusammenzufassen: Jacob Burckhardts Vorlesung über
das Studium der Geschichte in der Fassung des sogenannten «Neu-
en Schemas», aber durchaus auch in Jakob Oeris nachträglicher
Redaktion, grenzt sich von einem Kompilations- und Kompendi-
enwesen ebenso ab wie von den Fortschrittsgewissheiten und organizistischen Stufenschemata (zu seiner Zeit kamen die Wirtschafts-
stufenlehren der Älteren Historischen Schule der deutschen
Nationalökonomie auf),[71] die unter seinen weltgeschichtlich interessierten Zeitgenossen verbreitet waren. Sie spannt einen weiten
Bogen zwischen allgemeinen Aussagen, die sich häufig anthropologisch auf die Natur des Menschen beziehen, und speziellen Kom-
mentaren zu einzelnen Fällen, die bei Jacob Burckhardt immer

69 Burckhardt (2000), 499, Hervorh. im Original.
70 Burckhardt (2000), 490, 491.
71 Etwa bei Burckhardts genauem Zeitgenossen Wilhelm Roscher (1817–
    1894), vgl. Kalveram (1933), 83–88.

31

anschaulich und prägnant ausfallen. Wenn der Autor urteilsfreudiger ist, als die neuartigen Professionsregeln einer sich verwissenschaftlichenden Geschichtsforschung erlaubten, dann aus einer eigenwilligen Kombination von taciteischer Entschiedenheit und Konzentration,[72] quasi-frühneuzeitlichem Moralismus und der Pointierungsrhetorik des erfahrenen Journalisten – hier an den um ein Jahr jüngeren Theodor Fontane erinnernd, der die Jahre 1855 bis 1859 als eine Art von Auslandskorrespondent in England verbracht hatte.

Diese Verbindung verschiedener Aspekte – Syntheseabstinenz, Anti-Hegelianismus, Aktualitätsgespür und Urteilswillen – gibt den *Weltgeschichtliche Betrachtungen* ihr besonderes Gepräge: ein streng durchdachter und in der Argumentationsführung weithin konsistenter Text und zugleich eine offene Reflexionsform, die sich jeder Anmutung eines geschlossenen Systems oder lehrbuchartiger Vollständigkeit verweigert. Jacob Burckhardt zeigt sich als systematischer Denker, ohne ein Systemdenker zu sein. Er ist kein Erzähler, der in epischer Breite Ereignisabläufe sich entfalten lässt. Wenn er auch seine Begriffe nicht mit jener obsessiven Präzision ausfeilt, die man später bei Max Weber und seinen Anhängern findet, so war er doch viel stärker an begrifflicher Genauigkeit interessiert als seine Zeitgenossen, die das Programm des Historismus umsetzten. Max Weber hat diese offene und systemscheue Haltung der Konstellationsanalyse an Jacob Burckhardt geschätzt und anerkannt, dass dieser mit seinen eigenen Kategorien viel weniger intuitiv umging als später manche von Webers Zeitgenossen.[73]

---

72 Salomon (2010), 183–188, über die Nähe von Burckhardt und Tacitus.

73 Ghosh (2008), 237. Weber war über seinen Heidelberger Freund Carl Neumann, der in den 1880er Jahren Burckhardt in Basel gehört hatte, auf Jacob Burckhardt aufmerksam gemacht worden (ebd., 202–205), Vgl. auch Weber (2015), 796–798. Hardtwig (1990) konzentriert seinen Vergleich zwischen Burckhardt und Weber auf die Darstellung der Renaissance.

4. «Eurozentrismus» und Burckhardts «Totalbild der Menschheit»

Wie «eurozentrisch» war Jacob Burckhardt, der 1886 eine Einladung nach Konstantinopel ablehnte[74] und den «Orient» nie betreten hat? Es ist nötig, darauf noch einmal zurückzukommen, denn weniges schadet heute dem Leumund eines Welthistorikers mehr, als eines solchen Delikts überführt zu werden. Der Vorwurf des «Eurozentrismus» wird freilich oft anachronistisch erhoben. Die Maßstäbe der Gegenwart an kulturellem Relativismus werden in die Vergangenheit zurückprojiziert, und es wird vernachlässigt, welches Maß an genuiner Universalität zu einem bestimmten historischen Zeitpunkt denkmöglich war. Unter den europäischen Historikern, wenn sie nicht gerade zu den ganz wenigen gehörten, die etwa auf die islamische Welt oder Indien spezialisiert waren, gab es in den 1860er Jahren niemanden, der heutigen Kriterien genügt hätte.

Breiter orientiert als sämtliche Historiker waren Kulturgeographen und historische Geographen, besonders aus der Schule des 1859 verstorbenen Carl Ritter, bei dem der junge Burckhardt in Berlin Vorlesungen gehört hatte.[75] Vor allem in der Ritter-Schule hielten sich die kosmopolitischen Impulse Johann Gottfried Herders, die auf die gleichzeitige Geschichtsschreibung des deutschen Historismus kaum noch Einfluss hatten. Es könnte Jacob Burckhardt angelastet werden, dass er sich wenig für die Einsichten der Ethnologie interessierte. So sehr er das anthropologische Fundament der Historie betonte, den «duldenden, strebenden und han-

---

74   Kaegi (1947–82), IV, 188f.
75   Zu Burckhardts Prägung durch Carl Ritter vgl. Kaegi (1947–82), II, 90f.

delnden Menschen»,[76] so wenig bezog er sich auf diejenigen, die damals «Naturvölker» genannt wurden. Allerdings waren die Zeiten lange vorüber, als man sich für das neu entdeckte Tahiti als ein großes Laboratorium der Menschheitsgeschichte begeistert hatte. Der ersten Hälfte des 19. Jahrhunderts waren die schriftlosen Gesellschaften Ozeanien und Afrikas weiter aus dem Gesichtskreis europäischer Intellektueller entrückt als in der Epoche der Cookschen Weltumsegelungen (1768–1779/80).[77]

Immerhin nahm Jacob Burckhardt Anteil an den Reisen und Forschungen des jungen Adolf Bastian, der um 1860 zu publizieren begann und zum wichtigsten Begründer der deutschen Völkerkunde werden sollte.[78] Die großen Neuansätze der Ethnologie bei dem Amerikaner Lewis Henry Morgan und dem Briten Edward Burnett Tylor fielen so exakt mit der Entstehung der *Weltgeschichtlichen Betrachtungen* zusammen, dass Burckhardt sie nicht kennen konnte.[79] Von dort aus war es allerdings noch ein weiter Weg, bis Historiker die angeblich «geschichtslosen» Völker entdeckten. Selbst unter heutigen Globalhistorikern ist es keineswegs selbstverständlich, sich mit anthropologischer Forschung zu befassen.[80] Was Burckhardt in der Tat vorfand, waren proto-ethnologische Weltgeschichten, in denen Material aus älteren Reiseberichten unanalysiert zusammengestellt wurde, etwa die *Allgemeine Culturgeschichte der Menschheit* (1843–52) des Dresdner Bibliothekars Gustav Klemm. Solche Sammelsurien von Fundstücken waren zumeist mit Vermutungen über die Ungleichheit der menschlichen «Rassen» garniert,

76   Burckhardt (2000), 356.
77   Mehr in Osterhammel (2000).
78   Bellers (2014), 121ff.; neue Würdigungen bei Penny (2019), 71–92 und passim; Bredekamp (2019), 70–75.
79   Lewis Henry Morgan, *Systems of Consanguinity and Affinity of the Human Family* (1871); Edward Burnett Tylor, *Primitive Culture* (1871).
80   Eine Annäherung aus anthropologischer Richtung: Carmack (2015).

die weit über das hinausgehen, was Burckhardt an Hierarchisierung der verschiedenen Völker vorgeworfen worden ist.[81]

Im Kontext seiner eigenen Epoche war Burckhardt ungewöhnlich offen für das Nichtnationale. Gegen die aufsteigenden Nationalhistoriographien hielt er in seinen Vorlesungen zur europäischen Geschichte an der «unauflöslichen Gemeinsamkeit» der Europäer fest, von der Ranke gesprochen hatte[82] und die in Rankes Sicht keineswegs ein identitär definiertes, nach außen abgeschottetes «Abendland» darstellte. Der junge Burckhardt begann sogar, Arabisch zu lernen – kaum vorstellbar bei den Großmeistern der preußischen Historiographie. Martin A. Ruehl hat in der *Zeitschrift für Ideengeschichte* aus genauer Quellenkenntnis den gegen Burckhardt erhobenen Vorwurf der Islamfeindschaft zumindest stark relativiert und gezeigt, dass eine simple Gegenüberstellung von Islamophilie und Islamophobie die Dialektik und den informierten Realismus von Burckhardts historischer Analyse verfehlt. Für Burckhardt, schreibt Ruehl, «ist der islamische Orient weder Modell noch Todfeind Europas, sondern eher eine Art ständiger Sparringspartner»[83] – eine Sicht, die auch für heutige Welthistoriker noch akzeptabel wäre. Burckhardts Grundsatzbekenntnisse verstanden sich in seiner Epoche keineswegs von selbst: In einer Zeit der immer populärer werdenden Nationalgeschichtsschreibung warnte er vor einem «Hochmut gegenüber anderen Völkern», spottete über das «blinde Lobpreisen der Heimat» und erklärte mit kräftigem Nachdruck:

> «Das wahrste Studium der vaterländischen Geschichte wird dasjenige sein, welches die Heimat in Parallele und Zusammenhang mit dem Weltgeschichtlichen und seinen Gesetzen betrachtet, als Teil des großen

---

81 Manias (2012). Klemm taugt wenig zur positiven Folie für Burckhardts «Eurozentrismus», wie Ruehl (2013, 59) meint. Zur deutschen Kulturgeschichtsschreibung, wie Burckhardt sie 1868 vorfand, vgl. Schleier (2003), I, 206–398. Zum Rassediskurs in der Mitte des 19. Jahrhunderts Manias (2013), 75–136.

82 Ranke (1834–36), I (1836), 1.

83 Ruehl (2018), 21.

Weltganzen, bestrahlt von denselben Gestirnen, die auch anderen Zeiten und Völkern geleuchtet haben [...].»[84]

Ranke hatte das 1836 karger ausgedrückt: «Es giebt keine Landesgeschichte, in der nicht die Universalhistorie eine große Rolle spielte.»[85]

Täglich erfuhr der Europäer – auch der Zeitungsleser in Basel – mehr über ferne Länder: «Das Entfernte wird genähert; statt eines einzelnen Wissens um Curiosa entlegener Zeiten und Länder tritt das Postulat eines Totalbildes der Menschheit auf.»[86] «Man möchte sich», heisst es enthusiastisch, «eine riesige Geisteslandkarte auf der Basis einer unermeßlichen Ethnographie denken, welche Materielles und Geistiges zusammen umfassen müsste und allen Rassen, Völkern, Sitten und Religionen im Zusammenhang gerecht zu werden strebte.»[87] Dieses Zitat ist ein vermutlich unwillkürliches Echo der Glanzzeit aufklärerischer Welthistorie: 1777 hatte Edmund Burke dem schottischen Historiker William Robertson, einem bedeutenden Kenner der europäischen, hispano-amerikanischen und indischen Geschichte, zu seiner neu erschienenen *History of America* gratuliert und ihm erklärt, dass nach diesem Werk und den Erträgen der jüngsten Expeditionen des Captain Cook und anderer Weltreisender erstmals «a great map of mankind» als Weltkarte aller Kulturzustände entworfen werden könne.[88]

Selbst im randständigen und behäbigen Basel ist Burckhardt feinhörig für die ersten Anzeichen eines neuen Schubes von Globalisierung. Man kennt die berühmte Stelle aus dem *Kommunistischen Manifest* von 1848, wo Karl Marx und Friedrich Engels hellsichtig die weltumspannende Zirkulation feiern. «Das Bedürfnis nach einem stets ausgedehnteren Absatz für ihre Produkte», schrei-

---

84   Burckhardt (2000), 361.
85   Ranke (1834–36), I (1836), 1.
86   Burckhardt (2000), 363.
87   Burckhardt (2000), 357.
88   Burke (1958–78), III (1961), 351.

ben sie, «jagt die Bourgeoisie über die ganze Erdkugel. Überall muß sie sich einnisten, überall anbauen, überall Verbindungen herstellen. [...] An die Stelle der alten lokalen und nationalen Selbstgenügsamkeit und Abgeschlossenheit tritt ein allseitiger Verkehr, eine allseitige Abhängigkeit der Nationen voneinander.»[89] Das war damals eine noch prophetische Wahrnehmung. Zwanzig Jahre war die «allseitige Abhängigkeit» weiter vorangeschritten.

In Nordamerika war vor kurzem ein Bürgerkrieg zu Ende gegangen, den Burckhardt in Basel und Marx in London genau verfolgt und dessen weltweite Bedeutung sie erkannt hatten. Burckhardt verstand die engen transatlantischen Beziehungen zwischen dem Schicksal der amerikanischen Union und der Weltpolitik Großbritanniens;[90] in den Vorlesungen zum Revolutionszeitalter trug er ausführlich über «England und America» in den 1770er und 1780er Jahren vor.[91] Er erwähnt die Emanzipation der Leibeigenen im Zarenreich 1861, aber nicht die Abschaffung der Sklaverei in den USA. Seltsamerweise scheint Abraham Lincoln – aus anderer Sicht ein «welthistorisches Individuum» *par excellence* – offenbar weder in den Briefen noch in den Schriften und Vorlesungen vorzukommen.

Im November 1867 registriert der keineswegs weltfremde Basler Gelehrte die neue Bedeutung von Eisenbahnen, Dampfschiffen und Telegraphen. Er denkt dabei an die Beschleunigung des Verkehrs in Europa und die innere Integration des Kontinents: «Alle Waaren können weit reisen, europäische Ausgleichung. Aufhören alles localen Charakters der Production, soweit es nicht unmittelbare Benützung des betreffenden Bodens betrifft.»[92] Es dürfte Burckhardt nicht entgangen sein, dass solche Entwicklungen nicht auf Europa beschränkt bleiben konnten. «Überall» strebte die In-

---

89 Marx/Engels (1990), 465f.
90 Burckhardt (2000), 492.
91 Burckhardt (2009), 139–166.
92 Burckhardt (2009), 7.

dustrie in den vergangenen Jahren, «an der Weltindustrie teilzunehmen».[93] Die «Steigerung aller Geschäfte ins Große» gehört zum Charakter der Gegenwart.[94] Später bemerkte Burckhardt an Einzelheiten, wie sich interkontinentale Zirkulationssphären herausbilden. In London ahnt er im August 1879, dass so manches Gemälde, das ein verarmter italienischer Edelmann nach England verkauft hat, letzten Endes in amerikanischen oder russischen Villen und Palästen landen wird.[95]

Seit 1851 gab es eine Telegraphenverbindung durch den Ärmelkanal; 1866 war das erste (funktionierende) Transatlantikkabel in Betrieb genommen worden; während der siebziger Jahre entstand ein wahrhaft globales Telegraphennetz.[96] Wenn Burckhardt in seiner Vorlesung von 1868 davon spricht, dass sich auf dem Höhepunkt politischer Krisen Botschaften per «Anstekkung mit elektrischer Schnelle» verbreiten,[97] dann denkt er nicht nur an die Moderne, sondern etwa auch an den Ersten Kreuzzug oder den Bauernkrieg, benutzt aber ein Bild, das vollkommen auf der Höhe seiner Zeit ist. Burckhardt schreibt und hält die Vorlesungen über das Studium der Geschichte in einem historischen Moment, der als Quantensprung in der Globalisierung des Verkehrs beschrieben worden ist. Anhand der Fahrpläne von Eisenbahn, Dampfschiffen und Kutschen hat man errechnet, dass bereits 1866/67 eine Umrundung des Globus in 124 Tagen möglich gewesen wäre.[98] Dann wurde 1869 der Suezkanal eröffnet und im selben Jahr die letzte Eisenbahnlücke zwischen den Küsten der USA geschlossen. Phineas Fogg kann in Jules Vernes sorgfältig recherchiertem Roman *Le tour du monde en*

93 Burckhardt (2000), 490.
94 Burckhardt (2000), 490.
95 Burckhardt an Max Alioth, 6. August 1879: Burckhardt (1949–94), VII, 49.
96 Wenzlhuemer (2013), 75, 97ff.
97 Burckhardt (2000), 470.
98 Frey (2019), 23f.; weitere Daten zur globalen Kommunikation in: Lampe/Ploeckl (2014); vgl. auch Neumann/Stüssel (2011).

quatre-vingts jours (1873) die Erde bereits in achtzig Tagen umzirkeln, weil er von Suez bis Bombay ein Dampfboot nimmt und von San Francisco bis New York in sieben Tagen *nonstop* die USA durchquert.

Das muss Jacob Burckhardt nicht im Einzelnen bewusst gewesen sein. Jedoch sind die sechziger Jahre in seinen Augen nicht nur eine politische Umbruchzeit, in der, beginnend mit dem italienischen Krieg Sardiniens und Frankreichs gegen Österreich 1859, nach 44 Jahren der Krieg in die Mitte Europas zurückkehrte,[99] sondern auch ein Schlüsseljahrzehnt globaler Verdichtung. Der ebenfalls realitätssinnige Hegel hätte es in seinem «allgemeinen Programm der Weltentwicklung»[100] gut verorten können. Burckhardt spricht an einer zentralen Stelle vom «Weltprozeß», dessen kinetische Mechanik er in Kategorien von «Kraft» und «Elastizität» beschreibt. Beschleunigung wird zum Merkmal der ganz großen Krisen. «Der Weltprozeß gerät plötzlich in furchtbare Schnelligkeit; Entwicklungen, die sonst Jahrhunderte brauchen, scheinen in Monaten und Wochen wie flüchtige Phantome vorüberzugehen und damit erledigt zu sein.»[101] Burckhardt prägt das schöne Bild vom wachsenden «Zusammenpulsieren der Menschheit».[102] Er meint damit nicht unbedingt «Globalisierung» im heutigen Sinne. Seine Beispiele für kulturelle Konvergenz größten Stils unter archaischen Kommunikationsbedingungen sind «die religiöse Bewegung des VI. Jahrhunderts v. Chr. von China bis Ionien und die religiöse Bewegung zu Luthers Zeit in Deutschland und Indien».[103] Doch «Zusam-

---

99 Burckhardt maß diesem Krieg großes Gewicht bei: Kaegi (1947–82), V, 448.

100 So Burckhardt über Hegel: Burckhardt (2000), 355.

101 Burckhardt (2000), 469.

102 Burckhardt (2000), 357. Auch Burckhardt (2009), 11: das Revolutionszeitalter als «starke Veränderung des Pulsschlages».

103 Burckhardt (2000), 357. Ranke bezieht sich hier auf seine Gewährsmänner Ranke und Ernst von Lasaulx. Die «religiöse Bewegung» nimmt vorweg, was später «Achsenzeit» genannt werden würde.

menpulsieren» ist eine wunderbar plastische Formulierung, mit der sich die arg technizistische Globalisierungsliteratur der Gegenwart auffrischen ließe, die räumliche Netzmetaphern bevorzugt und für Phänomene der Synchronisierung noch gar keine ausgefeilte Terminologie gefunden hat.

1868 hatte Burckhardt als einer unter wenigen Zeitgenossen eine vage Vorstellung von einer möglichen globalen Geschichtsschreibung, die etwas anders sein würde als eine Universalgeschichte mit dem Telos des modernen und imperial herrschenden Europa. Mehr an visionären oder gar prophetischen Fähigkeiten sollte man ihm nicht zugestehen. Sicher war er nicht der Urahn heutiger Globalgeschichte, aber sie für denkbar zu halten, hebt ihn ab von der Mehrheit der Historiker seiner Zeit und stellt ihn, wenn man solche Konstrukte für sinnvoll hält, in eine Linie, die zur aufklärerischen Weltgeschichte von Autoren wie William Robertson oder August Ludwig Schlözer zurückführt. 1868 vermochte noch niemand ein «Totalbild der Menschheit» auszumalen oder eine empirisch gestützte Weltgeschichte zu schreiben. Es war noch ein paar Jahrzehnte zu früh für eine breit und tief fundierte Weltgeschichtsschreibung. Immerhin: für Burckhardt wird sie zu einem neuartigen «Postulat», wird sie konzipierbar. Burckhardts Buch – da führt Jakob Oeris Titel in die Irre – ist indes gar kein Weltgeschichtsbrevier und läuft deshalb nicht in Konkurrenz mit den erbaulichen Weltgeschichten von damals und heute. Das Empiriekriterium perlt an ihm ab. Doch ebenso wenig ist es eine materiale Geschichtsphilosophie, also eine Aussage darüber, was die Geschichte «ihrem Wesen nach» sei und durch welche letztbewegenden Kräfte sie vorangetrieben werde: «Fortschritt im Bewusstsein der Freiheit» wie bei Hegel; eine Geschichte der Klassenkämpfe wie bei Karl Marx; oder eine des materiellen Wohlstands wie bei Adam Smith und anderen schottischen Aufklärern; des Übergangs von der Religion zur Wissenschaft wie bei Auguste Comte; oder auch eine Niedergangsgeschichte oder wie bei Nietzsche eine solche der zyklischen Wiederkehr des Gleichen.

Derlei Deutungsangeboten, wie sie bis heute vom Publikum verlangt und geschätzt werden – man denke an den Welterfolg des israelischen Historikers Yuval Noah Harari[104] –, fügt Jacob Burckhardt kein eigenes hinzu.

104   Harari (2014); Harari behandelt etwa die letzten 50'000 Jahre. Es gibt
        daneben eine Literatur, die noch weiter ausholt, z. B. Christian (2018).

5. Welt- und Globalgeschichtsschreibung seit 1905

Zwischen Jacob Burckhardts letzter Vorlesung über das Studium der Geschichte 1873 und dem Beginn der 1990er Jahre, auf den man die jüngste Renaissance der Weltgeschichtsschreibung ungefähr datieren kann, liegen 120 Jahre, in denen weltweit unendlich viel Literatur unter dem Etikett «Weltgeschichte» geschrieben, gedruckt und vermutlich auch gelesen wurde.[105] Seit 1905 hätten die *Weltgeschichtlichen Betrachtungen* Einfluss auf diese Literatur nehmen *können*. Ein solcher Einfluss ist indes bisher nicht nachgewiesen worden, und er ist sehr unwahrscheinlich.[106] Im Folgenden soll in den gröbsten Strichen die Weltgeschichtsschreibung gewissermaßen «ohne Burckhardt» und ihre Transformation in Globalgeschichte skizziert werden. Dies führt zu der abschließenden Frage, ob und in welcher Weise heute eine Weltgeschichte «mit Burckhardt» gedacht werden kann.

Nur ein kleiner Bruchteil der Weltgeschichtsliteratur erreichte die Ebene der Fachwissenschaft und wurde von professionellen Historikern ernst genommen. Vieles war Popularschrifttum und Studienmaterial. Es war im gesamten 20. Jahrhundert in ganz Europa nahezu unmöglich, als Welthistoriker eine akademische Karriere zu machen. Aus der Sicht der Universitätshistoriker fehlte der Forschungsbezug, durch den sich die Disziplin mit zunehmender Ausschließlichkeit legitimierte. Am Ende der Epoche war jedoch die

---

105 Eine monumentale Übersicht ist Inglebert (2014); für das 20. Jahrhundert bleibt wichtig Schulin (1979). Vgl. auch Osterhammel (2011); Sachsenmaier (2011, 2015); Stanziani (2018a), 49–85.

106 Es gab kleine lokale Ausnahmen, z. B. Bächtold (1931). Ernst Schulin bemerkt, dass Burckhardts «Potenzenlehre» auf internationalen Historikerkongressen kaum eine Rolle spielte: Schulin (1994), 146.

Zeit der *gentleman historians*, Privatgelehrten und freien Schrift-steller unwiederbringlich vorüber, die entweder reich genug waren, um Weltgeschichte als Hobby zu betreiben (wie im 18. Jahrhundert Edward Gibbon, im 19. Henry Thomas Buckle), oder die umgekehrt von strategisch geschriebenen Bestsellern lebten (wie Oswald Spengler oder das amerikanische Autorenpaar Will und Ariel Durant). Heute lehren beinahe alle bekannten Welthistoriker und Globalhistorikerinnen an Universitäten. Diese Akademisierung ist das deutlichste Indiz der Professionalisierung und des Reputations-gewinns eines Bereichs, den das Fach bis dahin den Amateuren überlassen hatte.

Die beiden Weltkriege stießen ein neues weltgeschichtliches Interesse an. Weltgeschichte wurde nunmehr überwiegend – und wird es im Grunde bis heute – als ein Friedensprojekt angesehen, das Gemeinsamkeiten vor nationalstaatlichen Rivalitäten betont.[107] Die Interdependenz der Nationen war im Ersten Weltkrieg so deut-lich geworden wie nie zuvor; unter anderem aus dieser Einsicht ging der Völkerbund hervor. Dies bedeutete aber zugleich auch, dass nach dem monumentalen Alleingang des späten Ranke, dessen letzter Band der *Weltgeschichte* 1888 postum erschienen war, die Einsicht obsiegte, verantwortbare Weltgeschichten könnten nur durch Teams von Spezialisten geschrieben werden. Solche Sammel-werke, manchmal bloße Additionen, manchmal einem Konzept folgend, hatte es bereits vereinzelt vor dem Ersten Weltkrieg gege-ben. Zum fachlich respektabelsten Beispiel und Muster für viele Nachfolger, zugleich einem Spiegel der Sehnsucht der zwanziger Jahre nach Völkerverständigung, wurde die *Propyläen-Weltge-schichte* (10 Bände, 1929–33), die der Leipziger Historiker Walter Goetz herausgab. Seither sind in zahlreichen Sprachen solche Kol-lektivprodukte erschienen, die in ganz unterschiedlichem Maße wissenschaftliche Qualitätskriterien zu erfüllen suchten und sich in

---

107   Inglebert (2014), 833ff.

ihrem Bezug auf historische Forschung stark unterscheiden.[108] Sie bilden eine von vier Literaturgattungen (a), in denen Weltgeschichte im 20. Jahrhundert (und bis heute) zum Ausdruck gekommen ist. Die anderen drei sind: (b) die monographische Spezialstudie, ob als Buch oder als Aufsatz; (c) die «Synthese» durch einzelne Verfasser einer bestimmten Epoche oder eines global verfolgten Sachaspekts; und (d) die ins Spekulative, also in Geschichtsphilosophie, ausgreifende Geschichtsdeutung. Übrigens lassen sich die *Weltgeschichtlichen Betrachtungen* keiner dieser Kategorien zuordnen. Sie sind ein Werk *sui generis* geblieben.

Arbeiten vom Typus (b), also Studien, die nach allen Regeln der quellenkritischen Kunst eng definierte Spezialthemen bearbeiten und dabei über die einzelne Region oder den einzelnen Nationalstaat hinausgreifen, waren lange Zeit sehr selten und sind deshalb die jüngste dieser Gattungen. Erst seit etwa drei Jahrzehnten bilden sie eine unentbehrliche Grundlage aller anderen Bemühungen um Weltgeschichte. Damit hat dieses Gebiet erstmals eine ordentliche Forschungsfundierung gefunden. Auch wirklich global angelegte Epochensynthesen (Typ c) gibt es noch nicht allzu lange. So fehlt etwa bis heute eine globale Gesamtdarstellung des 18. Jahrhunderts. Bemühungen um eine Weltgeschichte des Mittelalters stehen in den Anfängen.[109]

Nach 1918 waren zunächst umfassende Weltdeutungen gefragt, die teils – im besiegten Deutschland bei Oswald Spengler – pessimistisch, teils optimistisch ausfielen wie bei H.G. Wells und überhaupt im liberal-imperialen Großbritannien. Beide Haltungen standen im Gegensatz zu Jacob Burckhardts Anschauungen. Von den *Weltgeschichtlichen Betrachtungen* führt kein Weg zu Spenglers

---

108 Eine Liste von weltgeschichtlichen «grand narratives» und mehrbändigen Werken in zahlreichen Sprachen, die seit etwa 1990 erschienen sind, findet sich in Weller (2017), 351–363; für ältere Werke vgl. Schulin (1979), 159–188.

109 Standen/Holmes (2018).

Idee in sich abgeschlossener Kulturkreise, von der aus eine interaktive Weltgeschichte im Grunde nicht möglich ist, aber auch nicht zu einer fortschrittsgläubigen und linear-teleologischen *Whig interpretation of history*.[110]

Nach dem Zweiten Weltkrieg wurden die USA zum weltweit wichtigsten Raum historischer Literaturproduktion; ihre führenden Geschichtsfakultäten und ihre Bibliotheken waren nun die besten der Welt. Zugleich wurden die nicht-westlichen *area studies* breit ausgebaut und asiatische und afrikanische Studien, anders als in Europa mit seiner autonomen Stellung der orientalischen Philologien, vielfach in die *history departments* integriert. Daraus entstanden neue Chancen der Zusammenarbeit und Impulse für Weltgeschichte erst in der Lehre, später in der Forschung – allerdings sehr langsam und bis in die 1980er Jahre hinein am Rande der Profession.[111] Nirgendwo wurde gleichzeitig mehr Weltgeschichte geschrieben als in den staatssozialistischen Ländern. Solange man sich am Stadienschema des historischen Materialismus orientierte, handelte es sich *per definitionem* um eine Universalgeschichte, die irgendwann im Triumph des Kommunismus gipfeln würde. Die Dekolonisation, also das Ende des Imperialismus (des nach Lenin «höchsten Stadiums des Kapitalismus»), wurde als Bestätigung dieses Geschichtsbildes gesehen.

In dieselbe Epoche fällt – im Westen, in Japan, im sozialistischen Block – eine ungeheure quantitative Ausdehnung und qualitative Vertiefung der Forschungen zur Geschichte der nicht-europäischen Welt. War es, wie bereits dargelegt, zur Entstehungszeit der *Weltgeschichtlichen Betrachtungen* nahezu unmöglich, sich über viele Gegenden der Welt historisch zu informieren, so lagen hundert Jahre später für fast alle Länder der Welt zahlreiche vorzügliche Monographien und meist auch bereits anspruchsvolle regionale Sammelwerke und Synthesen vor, auf denen sich im Prinzip umfas-

110   Butterfield (1931).
111   Naumann (2018).

sende weltgeschichtliche Konstruktionen aufbauen ließen. Die siebziger Jahre waren in dieser Beziehung das Schlüsseljahrzehnt, als die vielbändigen *Cambridge Histories*, fast immer auf höchstem wissenschaftlichem Niveau, der verschiedenen Weltregionen zu erscheinen begannen: islamische Welt (1970), Afrika (1975), China (1978), usw. Es gab auch Hindernisse, von hier aus zur Weltgeschichte voranzuschreiten. Die oft sprachlich anspruchsvolle Forschung fand – wie zuvor im Europa des 19. Jahrhunderts – im nationalen Rahmen und aus nationalen Archiven statt. Die jungen National-staaten, die während der Dekolonisation unabhängig geworden waren, strebten nach einer jeweils eigenen Geschichte, die an die Stelle kolonialer Fremdinterpretationen treten sollte. Da wollte man nicht erneut im großen Ganzen aufgehen. Als die UNESCO begann, eine eigene Weltgeschichtsreihe zu organisieren,[112] ging es charakteristischerweise weniger darum, transnationale Zusammenhänge aufzuzeigen, als um das Bestreben, auch der kleinsten Nation die Gelegenheit zu geben, ihre eigene historische Identität im Schaufenster der Weltorganisation vorteilhaft zur Geltung zu bringen. Diese Weltgeschichtsschreibung war daher in hohem Maße nationalfixiert, additiv und kleinteilig und legte wenig Wert auf Beziehungsgeschichte – ein Organisationsprinzip, das von Voltaire bis Burckhardt abgelehnt worden war.

Am fruchtbarsten ließ sich Weltgeschichte als vergleichende Geschichte aufziehen, bei der die nationalen Vergleichseinheiten intakt blieben. Vor allem die historische Soziologie fühlte sich für solche Studien und Interpretationen zuständig, während die Fachhistorie sich zurückhielt. Mochten Vergleiche zwischen Industriegesellschaften (einschließlich Japans) unter Historikern hoffähig werden, so wurde der interkulturelle Vergleich («cross-cultural comparison») eher beargwöhnt und den Sozialwissenschaften überlassen. Die überzeugendsten Ergebnisse sowohl für den Vergleich

112 De Laet et al. (1994–2008).

als auch für eine Geschichte globaler Zusammenhänge («Weltwirtschaft») lieferte die Wirtschaftsgeschichte, verstanden als Geschichte einerseits der Industrialisierung, andererseits zunehmender Handels- und Finanzverflechtung zwischen den Kontinenten. Eine globale Wirtschaftsgeschichte war – und ist immer noch – leichter zu konzipieren als zum Beispiel eine globale Sozialgeschichte oder Kulturgeschichte. Denn die Weltwirtschaft ist ein konkret beobachtbares Interaktionssystem, anders als eine Weltgesellschaft oder Weltkultur, die nur als Imaginationsprodukte existieren.

Sehr pauschal gesagt, entstanden im 20. Jahrhundert wenige große konzeptuelle Entwürfe, die der Weltgeschichte Eigenständigkeit verschafft hätten. Sie blieb im Grunde von historistischen oder marxistischen Prämissen abhängig. Unmittelbar nach dem Ersten Weltkrieg wurde Oswald Spengler mit seiner organizistischen Kulturmorphologie berühmt. Seine Schriften waren rhetorisch effektvoll, aber empirisch labil und gedanklich ungenau. Die Geschichtswissenschaft konnte damit wenig anfangen. Deutlich seriöser waren die siebentausend Seiten von *A Study of History* (1934–61) des Briten Arnold Joseph Toynbee, der niemals einen historischen Lehrstuhl bekam, sondern von Routinearbeit als Forschungsdirektor des Royal Institute of International Affairs, eines außenpolitischen Think Tank, lebte.[113] Toynbee war als Historiker ein anderes Kaliber als der maßlose Dilettant Spengler, von dem er sich immerhin angeregt sah.[114] Ganz im Sinne von Jacob Burckhardt glaubte er nicht, den Patentschlüssel zur Weltgeschichte und daher auch zur Zukunft zu kennen. Ähnlich wie Burckhardt und anders als Spengler nahm er an, dass Zivilisationen voneinander lernen können. In den ersten sechs Bänden seines Hauptwerks entwickelte er einen differenzierten Kategorienapparat zur historischen Analyse, aller-

---

113 Toynbee (1934–61); McNeill (1989).
114 Es gäbe gute Gründe für eine neue Lektüre Toynbees: Lang (2011); Kumar (2014); Osterhammel (2017).

dings geradezu hypertroph und seltsamerweise ohne Beziehungen zur historischen Soziologie, mit der ihn manches verband.

Toynbee war weder ein schlichter Kompilator noch ein Geschichtenerzähler, sondern ein theoretischer Kopf von ungeheurer Gelehrsamkeit, ein Geistesverwandter von Max Weber und Jacob Burckhardt. Er hat aber wenig Schule gemacht, auch weil seine Bände zu dick und zu schlecht geschrieben sind; es ist bezeichnend, dass sie niemals vollständig in eine andere Sprache übersetzt wurden. In der zweiten Hälfte seines Riesenwerkes, verfasst nach dem Zweiten Weltkrieg, verlor er den originellen Zugriff und entschwand in wolkigen Weltethos-Visionen. Trotz unvermeidlicher empirischer Ausrutscher schrieb Toynbee relativ nah an der Forschung. Anders als Spengler und nahezu sämtliche europäischen Welthistoriker des 19. Jahrhunderts nach dem Ende der Aufklärung, war er von europazentrischen Voreinstellungen vollkommen frei. Die Frage nach dem Aufstieg Europas und seiner Sonderrolle in der Geschichte, die von Max Webers vergleichender Religionssoziologie um 1900 bis zur heutigen globalhistorischen Debatte über die Ursprunge der Ungleichheit zwischen den Nationen (als «Great Divergence» bekannt)[115] die Gemüter bewegt, hat ihn nicht sonderlich interessiert. Insofern war die einflussreiche einbändige Weltgeschichte des Toynbee-Adepten William H. McNeill *The Rise of the West* (1963), von der an in den USA zumeist die Renaissance der Weltgeschichtsschreibung datiert wird, ein Rückschritt hinter den Toynbee der dreißiger Jahre. McNeill hat sich Jahrzehnte später für seinen jugendlichen West-Zentrismus aus der Zeit des Kalten Krieges geradezu entschuldigt.[116] Er hätte sich nur an Toynbee halten müssen.

Ebenso wenig wie Burckhardt passt Toynbee in unsere Typologie der vier literarischen Genres von Weltgeschichte. Eindeutig zu Typ (d) – der geschichtsphilosophischen Reflexion – gehören aber

115 Parthasarathi/Pomeranz (2018).
116 McNeill (1963, 1998).

Versuche von «ganz großen» Erzählungen der Menschheitsgeschichte. Den Anfang machte damit nach dem Zweiten Weltkrieg Karl Jaspers mit seiner Schrift *Vom Ursprung und Ziel der Geschichte* (1949),[117] die vielleicht in dieser Gattung seither nicht übertroffen wurde, aber ohne jede Wirkung auf die Fachhistorie blieb. Von dort führt auch kein Weg zur heutigen Globalgeschichte, die von Jaspers nichts mehr weiss. Jaspers' Buch ist eine bemerkenswerte Mischung von burckhardtfernen und burckhardtaffinen Elementen: einerseits eine große teleologische Linie (aber mit offener Zukunft), wie sie Burckhardt – und dem ihm hier ganz nahen Max Weber – fremd war, andererseits allgemeine Reflexionen und Bedingungsanalysen, die dann nach Burckhardt klingen, wenn man dessen kaustischen Witz nicht vermisst. Heutige Spielarten materialer Geschichtsphilosophie, unter Bezeichnungen wie *deep history* oder *big history* firmierend,[118] suchen die Nähe zu Astrophysik und Evolutionsbiologie, verlieren dabei aber den Kontakt zur Globalgeschichte, die sich gerade mühsam ihre fachwissenschaftliche Respektabilität erkämpft hat und Wert darauf legt, wie jede andere Geschichtsforschung auch, möglichst nahe an den Quellen zu bleiben. Das geht nicht, wenn man nicht über Jahre oder Jahrzehnte schreibt, sondern über Jahrtausende und Jahrmillionen.

Global history (Globalgeschichte) kam erst in den 1990er Jahren auf. 2006 wurde das führende Fachorgan ins Leben gerufen (*Journal of Global History*, Cambridge), als bibliographisch fassbares Startdatum könnte man aber die Veröffentlichung 1993 des ersten Sammelbandes wählen, in dem eine methodologisch abgesicherte Grundlegung der neuen Richtung versucht wurde.[119] Die Namen *world history* und *global history* werden in der maßgeblichen englischsprachigen Literatur heute leider so gut wie synonym verwendet, obwohl eine systematische Unterscheidung – vielleicht

---

117 Jaspers (2017).
118 Kritischer Überblick bei Hesketh (2014).
119 Mazlish/Buultjens (1993).

unter dem Oberbegriff «Makrogeschichte» – möglich und ratsam wäre.[120] Globalgeschichte ist, kurz gesagt, die historische Darstellung und Analyse großräumiger, kulturelle Grenzen überschreitender Netzwerkbildung und Interaktion, die sich methodisch um Dezentrierung weg von Europa und den «Westen» bemüht. Unter dem weiten Dach eines solchen Oberbegriffs haben die unterschiedlichsten Sachbezüge Platz – von einer globalen Migrations- bis zu einer globalen Musik- oder Sportgeschichte.

Globalgeschichte wird in verschiedenen Spielarten betrieben. Obwohl dies ein Widerspruch in sich sein könnte, hat sie sich trotz des Vorbildcharakters der US-amerikanischen Literatur national-kulturell verschiedenartig ausgeprägt.[121] In China hat Globalgeschichte einen anderen Stellenwert als etwa in Frankreich oder Peru. Neben Globalgeschichte als Vernetzungsgeschichte wird weiter Weltgeschichte als vergleichende Geschichte von Zivilisationen betrieben. Manche Probleme sind jeder Form von Makrogeschichte eigen: die Fragen nach Zeitverlauf und Periodisierung, nach der Definition räumlicher Einheiten, nach dem Verhältnis von Strukturen und Ereignissen, Kollektiven und Individuen. Andere stellen sich nur oder in besonderer Schärfe für die Globalgeschichte. Wie belastbar ist die Metaphorik des «Netzes»?[122] Wie können aus der potentiell unendlichen Fülle netzartiger Beziehungen die historisch relevanten – damit auch: die untersuchenswerten – isoliert werden? Was kann «Vernetzung» erklären, und wie wird sie umgekehrt selbst erklärt? Wie sind die räumlichen Ebenen miteinander verbunden, anders gesagt: was verbindet das Globale mit dem Lokalen, ohne dass man sich mittels eines Pseudo-Begriffs wie «Glokalisierung» der Schwierigkeit entwindet? Welche räumlichen Elemente können zugrunde gelegt werden, wenn eine nationalstaatliche Einteilung

120 Osterhammel (2019), 26–30; gegen eine Unterscheidung argumentiert Sachsenmaier (2019).
121 Sachsenmaier (2011); Monnet (2015); Beckert/Sachsenmaier (2018).
122 Gießmann (2014).

des Planeten als anachronistisch erkannt und «Kulturkreise» bzw. «Zivilisationen» als «essentialisierte» Konstrukte entlarvt werden? Wenn «Mobilität» und «connectivity» zu zentralen Begriffen der Geschichtswissenschaft werden[123] – das hätte Jacob Burckhardt nicht überrascht, dem die Bedeutung von Migrationen bewusst war und der sich besonders für Verkettungen und Bedingtheiten interessierte –, wo bleiben in diesem Geschichtsbild die Immobilen und die Nichtvernetzten, die Bauern und die Menschen, die nur *eine* Sprache sprechen? Sofern sich das heutige kosmopolitische Lebensgefühl jüngerer Historikerinnen und Historiker in den Themen spiegelt, die sie wählen – sind sie reflexiv genug, um sich diesen Zusammenhang einzugestehen?

Die heutige Globalgeschichte kann gute Arbeit leisten, ohne dass alle diese Fragen definitiv geklärt würden; im Forschungsalltag helfen immer wieder pragmatische Lösungen. Dennoch lässt sich pointiert behaupten, dass die größte Schwäche der heutigen Welt- und Globalgeschichtsschreibung in ihrer theoretischen Bescheidenheit liegt. Was an Theorien angeboten wird, ist entweder dogmatisch eng (wie die sogenannte «Weltsystemanalyse»), oder es ist trivial und zu einfach. Die Behauptung, dass alles fließt, strömt und in Netzwerken konfiguriert ist, fällt unter diesen Trivialitätsverdacht ebenso wie die nicht minder einseitig zugespitzte These, dass es keine reinen Formen gebe, sondern überall nur Mischung und «Hybridität».[124] Beides sind lohnende Perspektiven, aber schwache Instrumente zur Beschreibung und Erklärung historischer Sachverhalte. Burckhardt hat das keineswegs erst in der Postmoderne ent-

---

123 Der Referenztext für den Ansatz der «connected histories» bleibt Subrahmanyam (1997), seither vom Autor in zahlreichen Arbeiten näher ausgeführt. Zur Kritik an Übertreibungen dieses Ansatzes vgl. Gänger (2017).

124 Burke (2009).

deckte Thema der Hybridität übrigens schon antizipiert: «Im geschichtlichen Leben ist alles voll Bastardtum [...].»[125]

Bei früheren Neuorientierungen in der Geschichtswissenschaft hat man sich Hilfe bei Nachbardisziplinen gesucht. Die Sozialgeschichte der sechziger und siebziger Jahre entdeckte Max Weber und die auf ihm beruhende Historische Soziologie sowie verschiedene Varianten eines nicht-dogmatischen Marxismus. Die ihr folgende «neue» Kulturgeschichte machte Anleihen bei der Anthropologie, der Sprachwissenschaft und postmodernen Philosophien. Es ist interessant zu sehen, dass die Globalgeschichte sich weniger stark nach außen gekehrt hat. Sie hat sich im Wesentlichen mit begrenzten Theorieimporten aus der Globalisierungssoziologie der 1990er Jahre begnügt und sich sonst auf eine hausgemachte Metaphorik der dynamisierten Verflechtungen verlassen. Hier bleibt noch Spielraum für Neues. Auf der Suche nach ihm kann auch das Alte geprüft werden. Damit wären wir wieder bei Jacob Burckhardt.

---

125 Burckhardt (2000), 370. Ein kunst- und kulturhistorisches Werk, das den Gesichtspunkt der Hybridität mit an Burckhardt erinnernder Originalität ausarbeitet, ist Davidson (2018).

6. Jacob Burckhardt als Stichwortgeber: Die Potenzen- und Sturmlehre

Eingangs war die Rede davon, dass fortlebende Klassiker in der Geschichtsschreibung selten sind und dass sie ihre bleibende Vitalität fast ausschließlich ästhetischen Qualitäten verdanken. Wenige sozial- und kulturwissenschaftliche Konzepte aus dem 19. Jahrhundert haben sich ihre Nützlichkeit als analytische Werkzeuge bewahrt. Man wird deshalb von einem Autor wie Jacob Burckhardt, der sich ausdrücklich nicht als Theoretiker verstand, wenig erwarten können. Aber man kann es versuchen. Ernst Schulin hat 1994 in äußerst gedrängter Form eine geradezu schwindelerregende Aktualisierbarkeit von Burckhardt skizziert, aber leider kaum ausgeführt. Schulin findet Jacob Burckhardts Lehre von den drei Potenzen Staat/Macht, Religion und Kultur in der Soziologie des frühen 20. Jahrhunderts wieder, vor allem bei dem ungemein einflussreichen Talcott Parsons und seinen zahlreichen Anhängern, besonders in den USA. «Hier kehrt die Potenzenlehre», schreibt Schulin, «in veränderter Weise als Schema der einzelnen gleichberechtigten, in partieller Abhängigkeit voneinander bestehenden Subsysteme oder geschichtlichen Wirklichkeitsbereiche wieder.»[126] Allerdings, und dies ist der entscheidende Punkt, in veränderter und gegenüber Burckhardt verlustreich vergröbernder Form. Aus einer variablen Beziehung zwischen Faktoren ist ein starres Vierfelderschema (Wirtschaft – soziale Hierarchie – Herrschaft – Kultur) geworden, aus Kultur als, wie bei Burckhardt, dem «Bereich geistiger Spontaneität» das Gespenst einer toten «Tradition», die nur noch als Hintergrundfolie für eine dynamische Mo-

---

126 Schulin (1994), 154; siehe auch Schulins (1983, 9) frühere Verwunderung darüber, dass niemand Burckhardts Potenzenlehre weitergedacht habe.

derne taugt.[127] Schulin schlägt vor, von Burckhardt her den soziologischen Traditionsbegriff der eingefrorenen «Normen und Werte» – man könnte ergänzen: auch der kulturellen «Codes» – neu zu beleben. Und er sieht die Potenzenlehre als unvermindert nützlich, wenn man sie versteht als «Strukturmodell des geschichtlich immer wieder veränderlichen Verhältnisses von gesellschaftlichen Subsystemen zueinander».[128]

Burckhardt ist in dieser theoriegeschichtlichen und letzten Endes aktualisierenden Weise sonst selten gelesen worden. In der neueren Literatur überwiegt das Interesse an seiner staatskritischen politischen Haltung und seiner «pessimistischen» historischen Anthropologie, die vom «Bösen» der Macht ausgegangen sei. Die Potenzen- und Sturmlehre ist gerade als das wenig ernst genommen worden, als was Burckhardt sie ausdrücklich bezeichnet: eine Anleitung zur historischen Analyse, weniger der Ausdruck einer persönlichen Weltanschauung.[129] Burckhardt selbst hat eine falsche Fährte gelegt, indem er jede «systematische» Absicht bestritten.[130] Dennoch: bei Jacob Burckhardt – und unter den Geschichtsdeutern des 19. Jahrhunderts sonst nur noch wenigen anderen wie Alexis de Tocqueville oder Karl Marx – findet man etwas, das den Namen «Theorie» verdient. Das ist die berühmte, aber im Detail erstaunlich unbekannt und folgenlos gebliebene Lehre von den «drei Potenzen», die in ihrem dynamischen Dreiecksbezug diskutiert werden.

Burckhardt konstruiert ein Modell.[131] Diesen Begriff benutzt er nicht, beschreibt aber mit charakteristischer Anschaulichkeit die Sache: «Es ist, als nähme man aus dem Bilde eine Anzahl von Figu-

---

127 Schulin (1994), 154.
128 Schulin (1994), 155.
129 Sigurdson (2004), 10; Schmid (2012), bes. 442. Ohne Interesse für Burckhardts Methode: Martin (2010). Zur Nicht-Rezeption der Potenzenlehre vgl. Schulin (1994), 151f.
130 Burckhardt (2000), 354.
131 Das Folgende modifiziert nach Osterhammel (2018), 291–294.

ren heraus und ließe den Rest stehen.»[132] Er wählt die drei Grund-
kräfte Staat und Religion, dazu mit etwas Abstand von diesen beiden und auf einer anderen Ebene liegend, «Kultur», ein Aspekt, der
in der etablierten deutschsprachigen Historiographie des mittleren
19. Jahrhunderts nicht überall satisfaktionsfähig war und der sich
deshalb keineswegs von selbst verstand. Burckhardt behauptet nicht
in der Manier vieler anderer Welthistoriker, real existierende
Grundmuster und Triebkräfte der Geschichte erkennen zu können.
Vielmehr identifiziert er drei Perspektiven, in denen die Geschichte
fast aller Räume und Zeiten betrachtet werden kann. Zunächst
werden diese drei Perspektiven für sich behandelt, danach – hier
beginnt Burckhardts Gedankenexperiment – paarweise in Beziehung zueinander gesetzt. Das Modell bleibt also nicht statisch. Auch
dient es nicht dem Zweck, die unendliche Vielfalt der Geschichte
auf ein Grundraster zu reduzieren. Im Gegenteil erfüllt es seine
Aufgabe darin, alle möglichen Differenzierungen zu generieren und
auf einer gleitenden Skala zahlreiche Möglichkeiten zwischen sehr
allgemeinen Aussagen und dem abweichenden Einzelfall zu unterscheiden. So entsteht eine bewegliche Kasuistik, ein Musterbeispiel
für die in der heutigen Geschichtstheorie oft beschworenen *jeux
d'échelles*.

Indem er «Kultur» als das dynamische, «unaufhörlich modifi-
zierend und zersetzend auf die beiden stabilen Lebenseinrichtungen»
einwirkende Element seines Modells einführt,[133] schreibt Burckhardt nicht einfach seine früheren Renaissancestudien fort und
verlagert sein bisheriges Vorgehen als Kulturhistoriker auf ein zu-
sätzliches Anwendungsgebiet. Er setzt neu an und definiert mit
kühner Abstraktheit «Kultur» nahe an dem, was heutige Praxisthe-
oretiker vorschlagen, nämlich als «Inbegriff alles dessen, was zur
Förderung des materiellen und als Ausdruck des geistig-sittlichen

132 Burckhardt (2000), 371.
133 Burckhardt (2000), 391.

Lebens *spontan* zu Stande gekommen ist, alle Geselligkeit, alle Techniken, Künste, Dichtungen und Wissenschaften».[134] Sie ist «Gesellschaft im weitesten Sinne».[135] Unmittelbar darauf folgt die wichtige Ergänzung: Nur das darf Kultur heissen, was «keine Zwangsgeltung in Anspruch» nimmt.[136] Anders gesagt: Kultur ist immer partikular, vielleicht sogar lokal, und sie beruht auf Zustimmung, birgt also stets das Moment der Freiheit. Man kann sie nicht diktieren. Religion hingegen, bei anderen Autoren häufig der Kultur subsumiert, ist in größeren Systemen (etwa Kirchen oder Orden) und Ökumenen organisiert, beansprucht oft Universalität und beruht geradezu auf Glaubenszwang und Konformität. In der Religion gibt es Häresien, in der Kultur nur abweichende Neuerungen. Burckhardt hat gute Gründe, Kultur nicht mit Religion in eins zu setzen oder beides wie gleichzeitig Karl Marx (bzw. die Marxisten) in einem umfassenden «Überbau» aufgehen zu lassen.

Warum diese drei Potenzen, warum nicht auch Ökonomie, Technologie, Umwelt (die alle bei Marx eine größere Rolle spielen), und andere mehr? Burckhardt würde die Frage für berechtigt halten und heute vielleicht eine andere Auswahl treffen. Die Attraktivität des Schemas bleibt davon unberührt. Sie besteht in der Überwindung dichotomischer Gegensatzpaare in einer Trias und darin, dass die Potenzen in einem «Beziehungsgeflecht» (Ernst Schulin) miteinander interagieren.[137] Schon in einem Viereck wäre die Darstellung viel schwieriger; dann würde sie überkomplex, leicht zur Aufzählung von Faktoren oder zu einem der statischen Vierfelderschemata soziologischer Lehrbücher degenerieren. Burckhardt benötigte ein solches Instrument, weil er die «Längendurchschnitte»[138] der Hegelianer und Evolutionisten aus prinzipiellen Erwägungen miss-

---

134 Burckhardt (2000), 371. Burckhardts Hervorhebung.
135 Burckhardt (2000), 391.
136 Burckhardt (2000), 371, erneut 391.
137 Schulin (1983), 16f., Zitat 17.
138 Burckhardt (2000), 355.

billigte, also ausdrücklich keine universalhistorische «Rahmenerzählung» anbieten wollte, ein Standpunkt, den später aus ganz unterschiedlichen Gründen Max Weber und Arnold J. Toynbee teilen würden.

Gleichzeitig war er aber auch nicht mit simplen additiven Querschnitten zufrieden. Die Welt im Jahr 1000, 1500, 1789, 1913, 1945, 1979, usw.: Es gibt bis heute eine Unmenge von «weltgeschichtlichen» Büchern dieser Art. Eine solche Verflüchtigung der Zeit zugunsten der Simultaneität im Raum war für den Prozessdenker Burckhardt ausgeschlossen.[139] Seine «Querdurchschnitte», die er in «möglichst vielen Richtungen» legen will, sind systematischer, nicht chronologischer Natur.[140]

Burckhardts Vorgehen ist raffiniert und für eine heutige eher konstruktivistisch als essentialistisch gestimmte Globalgeschichte nicht fremd oder antiquiert. Die «Potenzen» sind keine geschichtsmetaphysischen Kräfte, die im Maschinenraum der Weltgeschichte ihr unsichtbares Werk verrichten, so wie, je nach Geschmack, Gott, die Natur, die Modernisierung oder die Globalisierung. Vielmehr muss man sie sich als Kraftpole denken, die nur in der Wechselwirkung miteinander, also paarweise, Bestand haben. Die Kausalitätsverhältnisse zwischen ihnen sind uneindeutig, variabel und nicht notwendig linear. Mit Bedacht spricht Burckhardt von «Bedingtheit» oder noch lieber im Plural von «Bedingtheiten», ein auf vorteilhafte Weise vagerer Begriff als derjenige der Ursache. Anders als im Marxismus, wo die «Basis» den «Überbau» determiniert und nur ausnahmsweise das Gegenteil der Fall ist, ist zwischen den Potenzen keine Hierarchie *a priori* ausgemacht, obwohl die Untersuchung zeigen kann, dass sie in unterschiedlichen Konstellationen mehr oder weniger stark hervortreten. Die Varianzspielräume im Modell sind deshalb viel größer als bei strikter Determination. Marx hatte

139 Vgl. Baumann (2014), 142–144.
140 Burckhardt (2000), 354.

das Basis-Überbau-Schema in letztgültiger Weise 1859 beschrieben.[141] Davon wusste Jacob Burckhardt offenbar nichts. Dennoch kann man die These wagen, die Potenzenlehre sei, obwohl Burckhardt sie kaum so gemeint haben dürfte, eine – keineswegs unzweifelhaft «idealistische» – Alternative zu einer mechanistisch-materialistischen Denkweise, die im Europa der beginnenden Hochindustrialisierung in der Luft lag. Entscheidend ist Burckhardts Vorstellung polymorpher Bedingtheiten oder Bedingungsverhältnisse, die dennoch spezifiziert, im Einzelnen untersucht und wieder Gegenstand einer Reflexion werden können, die das Besondere mit dem Allgemeinen vermittelt.

Burckhardt nummeriert keine Faktorenlisten und entwirft keine abgeschlossenen Typologien. Er argumentiert kasuistisch und zieht in auktorialer Souveränität Beispiele heran, wie es ihm am besten passt, jedoch stets in der methodischen Disziplin des Kräftedreiecks. Sie verhindert anekdotische Willkür, ist aber nicht strikt genug, um Eindeutigkeit zu erzwingen. «Ferner wechselt», sagt Burckhardt in kalkulierter Unbestimmtheit über die Potenzen, «ihr Bedingen und Bedingtsein oft in raschem Umschlag; oft täuscht sich der Blick noch lange darüber, welche die aktive und welche die passive ist.»[142] Das ist dicht an der Praxis des Geschichtsschreibers formuliert, dem logisch einwandfreie Schemata korrekter historischer Erklärung wenig helfen. Und wenn sich dann sogar der geschulte Blick «noch lange» täuscht (wann und wie erkennt er die Täuschung?), dann fühlten sich Burckhardts Basler Hörer in produktiver Verunsicherung allein gelassen. Der Professor verweigerte eine Anweisung zum Gebrauch verlässlicher Werkzeuge. Das zeigt sich auch, wenn er auf das, was die Soziologie im 20. Jahrhundert vereinfachend «Tradition» nennen würde, mit der Bemerkung verweist, dass frühere Bedingungsverhältnisse nicht erlöschen, sondern häufig «das Erbe vieler Epochen schichtweise übereinander

141   Marx (2015), 8.
142   Burckhardt (2000), 371.

liegt».[143] Nur mit größter Mühe können solche Schichten sichtbar gemacht werden, weiter erschwert dadurch, dass in der jüngeren Geschichte historische Betrachter selbst noch im Wirkungsfeld des Vergangenen stehen. Noch aus dem Abstand von acht Jahrzehnten kann Burckhardt 1867 nicht übersehen, dass die Resultate der Französischen Revolution ihn und seine Zeit «völlig bedingen».[144]

Methodisch gesehen, erlaubt das Dreieck, eine der Potenzen als Perspektive zu wählen und dann zu beobachten, wie die «reine» Form zum Beispiel des Staates durch Einwirkung von und Interaktion mit Religion verändert wird. Die dyadische, aber immer innerhalb eines weiteren «Bedingungsgeflechts» zu sehende Wechselwirkung beschränkt die unendliche Fülle des über die Vergangenheit Wissbaren und tatsächlichen Gewussten auf das gut Beobachtbare. Sie reduziert die drohende Beliebigkeit allzu ehrgeiziger Synthesen und hilft, zwischen starrem Schematismus und jener schweifenden Plauderei hindurch zu navigieren, die manchmal für Weltgeschichte gehalten wird. Das Schema ist dynamisch und ein Beispiel für die «antinomische» Struktur von Burckhardts Denken, die einer seiner besten Interpreten, Albert Salomon, schon 1945 herausgearbeitet hat.[145] Aus Gegensatz und Wechselspiel entsteht historisch Neues. Die triadische Konstruktion ermöglicht es, anstelle einer einzigen großen Geschichte – von der Evolution der Menschheit, von der Expansion Europas, dem Siegeszug der Moderne, der Globalisierung – viele Partialgeschichten zu erzählen. Sie unterscheiden sich durch Anfang und Ende in der Zeit, räumliche Erstreckung und das beteiligte Personal und sind doch irgendwie miteinander koordiniert. Es ist genau das Irgendwie, das den Welthistoriker herausfor-

---

143 Burckhardt (2000), 371.
144 Burckhardt (2009), 3.
145 Salomon (2010), 154, 165, 176, 178. Ich weiche mit meiner Betonung des Prozessualen etwas von Salomon ab, der die klassifikatorische Morphologie bei Burckhardt (zu) stark betont: etwa 151, 152. In ungefährer Parallele sei an einen der großen Texte der Max-Weber-Interpretation erinnert: Mommsen (1981).

dert. Burckhardts Teil-Längsschnitte sind also keine hegelianischen oder marxistischen Langzeitdramen, sondern gewissermaßen mikroskopische Präparate, die sich die Historikerin oder der Historiker anfertigt, um sie genau zu studieren. Wenn einer der prominentesten Welthistoriker der Gegenwart sich vornimmt, «to look at the whole sweep of human history as a single story, establishing its overall shape»,[146] dann wäre dem mit einer an Burckhardt geschulten Skepsis zu begegnen.

Gemäß Burckhardts Verfahren in dieser besonderen Vorlesung, dem ein gewisses Maß an effektvoller Didaktik innewohnen dürfte, kann der universalistische Deuter der Geschichte zwischen Räumen und Zeiten springen und die unterschiedlichsten Beispiele und Belege in das lose entworfene Strukturmuster einfügen. So hat Burckhardt seine anderen großen Vorlesungszyklen selbstverständlich nicht angelegt; sie behandeln klar demarkierte Epochen. Nur in den Vorlesungen über das Studium der Geschichte hat er einen einzigartigen Stil konzentrierter Deliberation erreicht. Dort gibt es noch weniger als sonst bei Burckhardt um ihrer selbst willen mitgeteilte Fakten, enzyklopädische Kieshaufen, «Tatsachenschutt». Jede Aussage hat ihren systematischen Ort. Er wird oft nur zart angedeutet, denn in der «Wissenschaft» von der Geschichte existiert «alles schwebend und in beständigen Übergängen und Mischungen».[147]

Die Potenzenlehre ist ein Hilfsmittel für Jacob Burckhardts Kunst, Prozesse zu beschreiben. Anderswo in seinem Œuvre bevorzugt er die statische Zustandsschilderung, für die ihm Jules Michelet ein Vorbild gewesen sein dürfte.[148] Er versteht es, sagt sein bedeutender Leser Siegfried Kracauer, die Zeit «zum Stillstand» zu bringen und ihre Flut zu «stauen».[149] Doch wenn Kracauer bemerkt, Burckhardt

146   Morris (2013), 22.
147   Burckhardt (2000), 409.
148   Kaegi (1947–82), II, 306f.
149   Kracauer (2009), 167.

habe sich in den *Weltgeschichtlichen Betrachtungen* in ein «zeitloses Reich» zurückgezogen,[150] dann kann dem entgegnet werden, dass Chronologie und lineares Erzählen nicht dasselbe sind wie Prozessbeschreibung. In den *Betrachtungen* – viel stärker als in der *Cultur der Renaissance in Italien* – interessieren ihn Prozesse der unterschiedlichsten Art: Fortschritt, Rückschritt (zum Beispiel politische Restaurationen) und «befremdlich genaue Wiederholung»;[151] lineare und kreisförmige Prozesse; langsame, kontinuierliche und kumulative Prozesse; und im Gegensatz dazu abrupte Verläufe und Kehrtwendungen. «Umschlag» (oder «Überschlag») gehört zu den Lieblingsausdrücken des Antinomikers Burckhardt, dessen «geschärfter Sinn für Diskontinuität» Siegfried Kracauer auffiel.[152] Dabei ist sein Vokabular keineswegs anschauungslos und technizistisch. Man bewundert den Einfall (einer von vielen ähnlichen), den Untergang des Ancien Régime in Frankreich ab 1789 mit einem einzigen Wort zu erfassen: «Schnellfäule».[153] Er verwendet dieses abgründige Wort erneut, wenn er 1881 die momentane politische Lage so kommentiert: «Mich überkommt bisweilen ein Grauen, die Zustände Europens möchten einst über Nacht in eine Art Schnellfäule überschlagen, mit plötzlicher Todesschwäche der jetzigen scheinbar erhaltenden Kräfte.»[154] Ein Gefühl, das sich spätestens ab 2016 im Zuge des Aufkommens populistisch-nationalistischer Strömungen in mehreren Ländern Europas erneut verbreitet hat. Politischer und wirtschaftlicher Pessimismus kann sich leicht mit Burckhardts suggestivem Bild anfreunden: In den letzten Jahren vor dem Ausbruch der Revolution wusste niemand in Frankreich, was

150   Kracauer (2009), 167.
151   Burckhardt (2000), 409.
152   Kracauer (2009), 201, vgl. auch 226–231 (allgemeiner über Zeit und Raum bei Burckhardt).
153   Kaegi (1947–82), V, 340f. Burckhardts Wortprägung folgte Hippolyte Taine.
154   Burckhardt an Max Alioth, 19. November 1881: Burckhardt (1949–94), VII, 299.

der Historiker sieht – eine ganze Gesellschaftsordnung und Kultur «trieb einem Niagarafall zu».[155]

Burckhardts Kunst der Prozessanalyse erreicht ihren Höhepunkt im Kapitel «Die geschichtlichen Krisen».[156] Burckhardts Paradigma für solche Krisen war die Französische Revolution, die er seinen Hörern ab 1859 in der zwölfmal gehaltenen Vorlesung zur «Geschichte des Revolutionszeitalters» in größtem Detailreichtum geschildert und erklärt hatte.[157] Die Vorlesung endete mit Napoleons Sturz, doch der Dozent machte seinen Hörern mehr als deutlich, dass er vom Beginn der Gegenwart handelte. In den *Weltgeschichtlichen Betrachtungen* wird das europäische Geschehen im Zeitraum zwischen etwa 1763 und 1815 nicht einfach nur in einen weiteren Rahmen verpflanzt. Burckhardt setzt neu an, spricht von «Krise» als einem allgemeineren und analytisch kühleren Begriff als «Revolution» und skizziert eine «Sturmlehre» (dieser Begriff erscheint im ganzen Text nur ein einziges Mal)[158] von den historischen Turbulenzen.

Vieles von dem, was im Krisenkapitel ausgeführt wird, reflektiert nicht nur die Geschichte von Unruhe und Destabilisierung von der Antike bis zum Indischen Aufstand von 1857 und der «deutschen Revolution» von 1866.[159] Es ist mit den nötigen Modifikationen auch auf die Revolutionen des 20. Jahrhunderts, etwa die russische, die chinesische oder die iranische, übertragbar. Jacob Burckhardt hat diese Revolutionen nicht vorausgesagt (so wie er «gewaltige Völkerkriege» kommen sah),[160] jedoch brauchbare Instrumente bereitgestellt, um sie zu analysieren. So hat er zum Beispiel die innenpolitische Rolle von Militär, Militarismus und bewaffneten Staatsstreichen herauspräpariert und dabei *en passant* im Zusam-

---

155   Burckhardt (2009), 201; dazu Seibt (2013), 112.
156   Burckhardt (2000), 463–496.
157   Burckhardt (2009).
158   Burckhardt (2000), 354.
159   Burckhardt (2000), 491 (Indien), 493.
160   Burckhardt (2000), 486.

menhang mit Napoleon den Begriff «Cäsarismus» geprägt.[161] Er hat den alten europäischen Diskurs über Despoten und Despotie mit Blick auf beide Napoleons aktualisiert und implizit den zu seiner Zeit nicht selbstverständlichen Gedanken entwickelt, dass die politische Theorie der Moderne ohne eine Tyrannislehre unvollständig bleibt.[162] Sie hätte es nicht mehr mit mordenden Wüterichen zu tun, sondern mit kalkulierenden Despoten, «die dabei alle Formen und Flausen des Rechtes beobachten», also Unterdrückung zum System machen und den Untertanen bürgerliche Freiheiten lassen, während sie ihnen die politischen rauben.[163] Einige Fragen, die er an die Revolutionen seines Zeitalters richtet, sind ohne Mühe universalisierbar: Wovon hängt die unterschiedliche «Verbreitungsfähigkeit» von Revolutionen ab? Die einen bleiben lokal begrenzt, andere – etwa die revolutionären Bewegungen von 1848 – breiten sich schnell über große Räume aus.[164] Auch unterscheiden sich Revolutionen nach dem Maß ihrer «Schrecklichkeit».[165] Welche Bedingungsverhältnisse können solche Resultate erklären?

Es gäbe noch vieles andere zu erwähnen, das alle heutigen Welthistoriker, die spätestens für das 20. Jahrhundert mit globalen Krisen zu tun haben, neu überdenken sollten. Krisen lassen sich gut erzählen, wenn sie nicht zu mehrsträngig und zu plurilokal beschaffen sind: Die Kubakrise vom Oktober 1962 kann man konsekutiv

---

161 Burckhardt (2000), 481f., 487 (Cäsarismus); das Verhältnis der von Burckhardt 1860 beschworenen Renaissance-Tyrannen (Reinhardt, 2004; Ruehl, 2015, 61–70) zu ihren Nachfolgern an der Spitze größerer Staaten bliebe zu diskutieren.
162 Burckhardt (2000), 482f. u. ö. (siehe Register); dazu auch verstreute Bemerkungen im Abschnitt «Das Individuum und das Allgemeine» (etwa 521–523).
163 Burckhardt (2016), 819 (historisch früh am Beispiel Heinrichs VIII. von England); sonst verstreute Kommentare zu Napoleon, etwa Burckhardt (2009), 892f., 1032f. Ghelardi (2016, 22) sieht hier einen Einfluss Alexis de Tocquevilles.
164 Burckhardt (2000), 474.
165 Burckhardt (2000), 476f.

als lineare Handlungsfolge schildern. Die Julikrise 1914 hingegen war bereits so komplex, dass sie sich einem Muster linearer Narration entzieht. Es passierten gleichzeitig zu viele Dinge auf zu vielen Schauplätzen. Hier drängt die Erzählung zur Analyse, und die Analyse verlangt Strukturierung und ein gewisses Maß an Theorie – allerdings nur ein gewisses Maß, nicht die volle heutige Theorieapparatur der Kriegsursachenforschung oder der vergleichenden Revolutionsforschung. Eine Begriffsbildung wie diejenige Burckhardts kann dabei hilfreich sein. Ernst Schulin hat darauf aufmerksam gemacht, dass sie nicht aus Nachlässigkeit *kein* Maximum an definitorischer Schärfe anstrebt. Der ungewöhnliche Begriff der historischen «Potenz» etwa ist einer von den «zurücknehmenden, möglichst unanschaulichen, unbestimmten, emotionsfreien Ausdrücken, die der anschauungs- und emotionsreiche Burckhardt in gewissen, entscheidenden Punkten bevorzugte».[166]

Burckhardts Konzepte – und das macht sie so gut handhabbar – schweben nicht zu hoch über der anschaubaren Wirklichkeit, um die es ihm stets vorrangig ging, und sie sind eher angedeutet als ausgeführt. Deshalb kann man sie relativ zwanglos verwenden und in historische Prosa einbeziehen, etwa seine Idee der «abgeschnittenen» Krisen, also ihrer Steuerbarkeit durch Interventionen und *crisis management*, dem immer die Frage nach seinen längerfristigen Folgen gestellt werden muss.[167] Noch fruchtbarer ist das Konzept der sich «kreuzenden» Krisen – wie man sie heute in der Welt vielfach vor sich sieht: etwa zur gleichen Zeit eine globale Migrationskrise mit unterschiedlichen regionalen Ausprägungen, eine Krise demokratischer Legitimation in Europa, eine Krise nationaler Regierungs- und Parteiensysteme, Krisen an subnationalen und lokalen Konfliktherden.[168] Burckhardts ganzer Text steckt voller Anregungen ähnlicher Art. Verwiesen sei nur auf die Ausführungen

166   Schulin (1983), 13.
167   Burckhardt (2000), 469.
168   Burckhardt (2000), 476.

über das menschliche Schutz- und Sicherheitsbedürfnis,[169] oder die Vorstellung der «Fixierung»[170] von Religionen nach einer frühen Phase der «Exaltation»[171] und ihres nach Zeit, Ort und sozialem Rangplatz zu differenzierenden «Geltungsgrades» – immer noch ein Kardinalproblem der Religionssoziologie.[172] Dabei sollte nicht übersehen werden, dass Burckhardt kein Strukturhistoriker im Sinne des späten 20. Jahrhunderts war. Seine primär ereignisgeschichtlichen Epochenvorlesungen enthalten nur wenige systematische Querschnitte, sind aber von Portraits historischer Persönlichkeiten durchwoben, wie sie eine strikte Strukturgeschichte grundsätzlich ablehnt. Solche Charakterskizzen bildeten wiederum den Stoff für allgemeine Überlegungen. Was Burckhardt in den *Weltgeschichtlichen Betrachtungen* über «historische Größe» sagt, sollte im Lichte der neu publizierten Vorlesungmaterialien neu gedeutet werden.[173]

169 Burckhardt (2000), 378, 397, 531f.
170 Burckhardt (2000), 379.
171 Burckhardt (2000), 382.
172 Burckhardt (2000), 386.
173 Dazu gehören auch Charakterportraits an anderer Stelle, so ein Vortrag über Talleyrand vom November 1878 (Burckhardt, 2003, 227–288); auch Burckhardts frühes Portrait Friedrichs des Großen in seiner Zeit in einer Vorlesung von 1852/53 (Burckhardt 2012).

7. Fazit

War Jacob Burckhardt ein Welthistoriker oder gar ein Globalhistoriker im heute üblichen Sinne? Die Antwort muss negativ ausfallen. In der Standardgenealogie, die in Übersichtsdarstellungen der heutigen Globalgeschichte einen respektablen Stammbaum verschaffen soll, hat er nichts zu suchen. Er gehört nicht in den üblichen Kanon großer Welthistoriker von Herodot über Ibn Chaldûn und Voltaire bis William H. McNeill und Fernand Braudel. Burckhardt war kein früher Globalhistoriker, wenn man unter «Globalgeschichte» die Geschichte von Fernvernetzungen und Interaktionen über Zivilisationsgrenzen hinweg versteht. Ebenso wenig war er ein Welthistoriker, wenn damit bezeichnet werden soll, wer sich im Rahmen des jeweils in einer bestimmten Epoche Wissbaren gelehrt und systematisch – also nicht als unkritischer Kompilator – um das Verständnis von mehr als einer Zivilisation bemüht, um daraus zu einer erweiterten Anschauung zu gelangen. Burckhardts zwar nicht feindselige, aber doch distanzierte Beschäftigung mit dem Islam war respektabel, ging aber in Umfang und Tiefe nicht über diejenige Edward Gibbons drei Generationen vor ihm hinaus. Gibbon entwickelte ein Bild des Mittelalters bis zu Timur und dem Ende von Byzanz, das den gesamten eurasischen Kontinent und den Mittleren Osten umfasste.[174] So weit ging Burckhardt achtzig Jahre später nicht. Das tiefe Verständnis von «mehr als einer Zivilisation» wird man ihm auch dann nicht bescheinigen wollen, wenn man anerkennt, dass er kein engstirniger Abendland-Ideologe war. Burckhardt war ein großartiger Historiker Europas, allerdings mit blinden Flecken. Anders als zum Beispiel Voltaire interessierte er

---

174   Fowden (2016); über universale Geschichtskonzeptionen in der Aufklärung vgl. Osterhammel (2018), Kap. 8.

sich wenig für Russland. In der Weite seiner historischen Vision war er seinem Lehrer Ranke ähnlich. Burckhardts allzu knapp skizziertes Programm einer offenen, prozessorientierten, aber nicht linearevolutionistischen Weltgeschichte muss als Auftrag an Andere verstanden werden, an seine Basler Hörer ebenso wie an die Nachwelt. Er konnte und wollte es selbst nicht realisieren.

Man muss den Burckhardtschen Augenblick «1868» in der Geschichte des 19. Jahrhunderts verorten.[175] Burckhardt trug seine Gedanken in einem Moment vor, als einerseits der Zauber des märchenhaften Orients, des Orients von Sir William Jones und Goethe, von Friedrich Rückert und den Brüdern Schlegel, verflogen war, andererseits die expansive Phase des europäischen Hochimperialismus, die neue Exotismen mit sich brachte, noch nicht begonnen hatte. Gerade die 1860er Jahre waren in Europa und weltweit eine turbulente und gewaltreiche Zeit – der wache Basler Gazettenleser hat sie so wahrgenommen.[176] Zugleich aber waren sie eher eine Ruhepause im langfristigen Prozess der europäischen Kolonialexpansion. Das Ende dieser Periode hatte wissensgeschichtliche Konsequenzen. Ab etwa 1870 intensivierte sich in Europa das Studium der außereuropäischen Räume und ihrer Geschichte, die Museen füllten sich mit archäologischen und völkerkundlichen Objekten, und neue Wissenschaften – wie die vergleichende Religionswissenschaft, von der Burckhardt bei seinen Ausführungen über die Potenz «Religion» noch nicht profitieren konnte – erweiterten das Spektrum der Disziplinen. Burckhardt schrieb am Vorabend dieses Booms. Drei Jahrzehnte später konnte Max Weber bei seinen vergleichenden Studien zur Wirtschaftsethik der Weltreligionen von dessen Erträgen profitieren.

Die *Weltgeschichtlichen Betrachtungen* sind ein Solitär sowohl in ihrer Entstehungszeit als auch in Burckhardts Œuvre. Sie sind

---

175   Vgl. auch die chronologischen Vignetten in Singaravélou/Venayre (2017), 286–322.
176   Kaegi (1947–82), V, 448, recht dramatisch formuliert.

eine allgemeine Meditation mehr – wie Burckhardt selbst betont – über das Geschichtliche als über die Geschichte, eine Meditation, die niemals die Erdung in einem immens reichen Wissensschatz verliert (Burckhardt sagt: «Erfahrung»). Sie sind auch ein tiefgründiges theoretisches Werk, ohne indes eine monothematische Theorie der Geschichte, also eine materiale Geschichtsphilosophie anzubieten, wie man sie etwa zur gleichen Zeit als Theorie der Klassen und ihrer Kämpfe bei Marx, als Rassentheorie beim Grafen Gobineau oder auch als verkappte und als solche nicht deutlich ausformulierte Theorie christlich grundierter Staatswerdung im deutschen Historismus findet.

Was uns Jacob Burckhardt direkt und ebenso durch das Medium Jakob Oeri hinterlassen hat, ist etwas, das weniger schnell veraltet als materiale und oft ideologisch eingefärbte Geschichtsinterpretationen: eine durch die Potenzenlehre geordnete und in Bewegung gehaltene Morphologie von Mikroprozessen, vor allem im Themenfeld von Macht und Glauben, kaum der Wirtschaft, nicht der Ökologie. Diese Morphologie zeigt, was in der Vergangenheit möglich war und in der Zukunft möglich sein könnte. Für die heutige Weltgeschichtsschreibung bleibt sie mit der Vielfalt ihrer Prozessbegriffe, mit ihrer geschmeidigen Beachtung von Zeitverläufen und dem Beharren auf Antinomien und Paradoxien als Denkschule zu entdecken. Vielleicht werden wir dadurch zwar nicht, wie Burckhardt leicht ironisch in Aussicht stellt, «weise (für immer)», aber doch «klug (für ein andermal)», was auch nicht wenig wäre.[177] Im Übrigen ist mit Reinhart Koselleck zu befürchten, dass die Weisheit für immer «immer zu spät kommen» könnte.[178]

177 Burckhardt (2000), 359.
178 Koselleck (2010), 173.

Literatur

Abbattista, Guido (1985), «The Business of Paternoster Row: Towards a Publishing History of the Universal History», in: *Publishing History* 17:1, 5–50.

Bächtold, Hermann (1931), *Wie ist Weltgeschichte möglich? Rektoratsrede*, Basel.

Bahners, Patrick (2018), «Die Wirtschaftsethik der Kunstreligion. Zur Feier des 200. Geburtstags von Jacob Burckhardt untersuchte eine Tagung seiner Basler Universität sein Konzept der Renaissance. Rentiert sich die Lektüre des Klassikers noch?», in: *Frankfurter Allgemeine Zeitung*, 13. Juni 2008.

Baumann, Stephanie (2014), *Im Vorraum der Geschichte. Siegfried Kracauers «History – The Last Things before the Last»*, Konstanz.

Beckert, Sven / Sachsenmaier, Dominic, Hgg. (2018), *Global History, Globally: Research and Practice around the World*, London.

Beiser, Frederick C. (2014), *After Hegel: German Philosophy, 1840–1900*, Princeton, NJ/Oxford.

Bellers, Jutta E. (2014), *Der junge Adolf Bastian, 1826 bis 1860. Auf dem Weg zu einer neuen Wissenschaft vom Menschen*, Frankfurt a.M.

Bergenthum, Hartmut (2002), «Weltgeschichten im wilhelminischen Deutschland: Innovative Ansätze in der populären Geschichtsschreibung», in: *Comparativ* 12:3, 16–56.

Berkelbach van der Sprenkel, Otto (1973), «Western Sources», in: Leslie, Donald D. / Mackerras, Charles / Wang, Gungwu (Hgg.), *Essays on the Sources of Chinese History*, Canberra, 154–175.

Bloch, Marc (1993), *Apologie pour l'histoire ou Métier d'historien*, éd. critique préparée par Étienne Bloch, Paris.

Boehm, Gottfried (1991), «Genese und Geltung: Jacob Burckhardts Kritik des Historismus», in: *Merkur* no. 509, 45:8 (August 1991), 928-983.

Bredekamp, Horst (2019), *Aby Warburg, der Indianer. Berliner Erkundungen einer liberalen Ethnologie*, Berlin.

Burckhardt, Jacob (1938), *Considérations sur l'histoire du monde*, übers. v. Sven Stelling-Michaud, Paris.

Burckhardt, Jacob (1943a), *Force and Freedom: Reflections on History*, übers. v. M[ary] D. Hottinger, ed. by James Hastings Nichols, New York.

Burckhardt, Jacob (1943b), *Reflections on History*, übers. v. M[ary] D. Hottinger, London.

Burckhardt, Jacob (1949–94), *Briefe*. Mit Benützung des handschriftlichen Nachlasses. Hergestellt von Max Burckhardt. Vollst. und krit. bearb. Ausg., 11 Bde. Basel/Stuttgart.

Burckhardt, Jacob (1979), *Reflections on History*, übers. v. M[ary] D. Hottinger, Einleitung v. Gottfried Dietze, Indianapolis.

Burckhardt, Jacob (1982), *Über das Studium der Geschichte*, hg. v. Peter Ganz, München.

Burckhardt, Jacob (2000), *Aesthetik der bildenden Kunst. Über das Studium der Geschichte*. Aus dem Nachlaß hg. v. Peter Ganz, München/Basel (= Jacob Burckhardt Werke, Bd. 10).

Burckhardt, Jacob (2003), *Vorträge 1870–1892*. Aus dem Nachlaß hg. v. Maurizio Ghelardi u. Susanne Müller unter Mitarbeit von Reinhard Bernauer, München/Basel (= Jacob Burckhardt Werke, Bd. 13).

Burckhardt, Jacob (2009), *Geschichte des Revolutionszeitalters*. Aus dem Nachlaß hg. von Wolfgang Hardtwig et al., München/Basel (= Jacob Burckhardt Werke, Bd. 28).

Burckhardt, Jacob (2012), *Das Zeitalter Friedrichs des Großen*, hg. v. Ernst Ziegler, München.

Burckhardt, Jacob (2016), *Neuere Geschichte 1450–1598*. Aus dem Nachlass hg. v. Hans Berner et al., München/Basel (= Jacob Burckhardt Werke, Bd. 26).

Burckhardt, Jacob (2018), *Die Cultur der Renaissance in Italien. Ein Versuch*, hg. v. Mikkel Mangold auf der Grundlage der Vorarbeiten von Kenji Hara und Hiroyuki Numata, München/Basel (= Jacob Burckhardt Werke, Bd. 4).

Burke, Edmund (1958–78), *The Correspondence of Edmund Burke*, hg. v. T. W. Copeland, 10 Bde., Cambridge.

Burke, Peter (2009), *Cultural Hybridity*, Cambridge.

Butterfield, Herbert (1931), *The Whig Interpretation of History*, London.

Calasso, Roberto (2019), *Das unnennbare Heute*, übers. v. Reimar Klein u. Marianne Schneider, Berlin.

Carmack, Robert M. (2015), *Anthropology and Global History: From Tribes to the Modern World-System*, Lanham, MD.

Cesana, Andreas / Gossman, Lionel, Hgg. (2004), *Begegnungen mit Jacob Burckhardt: Vorträge in Basel und Princeton zum hundertsten Todestag*, Basel/München (= Beiträge zu Jacob Burckhardt, Bd. 4).

Christian, David (2018), *Origin Story: A Big History of Everything*, London.

Conrad, Marcus (2010), *Geschichte(n) und Geschäfte. Die Publikation der «Allgemeinen Welthistorie» im Verlag Gebauer in Halle (1744–1814)*, Wiesbaden.

Conrad, Sebastian (2016), *What Is Global History?*, Princeton/Oxford.

Davidson, Peter (2018), *The Universal Baroque*, Manchester.

De Laet, Sigfrid Jan, et al., Hgg. (1994–2008), *History of Humanity*, 7 Bde., Paris/London.

Duara, Prasenjit / Murthy, Viren / Sartori, Andrew, Hgg. (2014), *A Companion to Global Historical Thought*, Malden, MA.

Elphinstone, Mountstuart (1841), *The History of India*, 2 Bde., London.

Fowden, Garth (2016), «Gibbon on Islam», in: *English Historical Review* no. 549, vol. 131, 262–292.

Frey, James W. (2019), «The Global Moment: The Emergence of Globality, 1866–1867, and the Origins of Nineteenth-century Globalization», in: *The Historian* 81:1, 9–56.

Fuchs, Eckhardt (2011), «Contemporary Alternatives to German Historicism in the Nineteenth Century», in: Macintyre et al., 59–77.

Gänger, Stefanie (2017), «Circulation: Reflections on Circularity, Entity, and Liquidity in the Language of Global History», in: *Journal of Global History* 12:3, 303–318.

Ganz, Peter (1982), «Einleitung», in: Burckhardt (1982), 13–80.

Ghelardi, Maurizio (2016), *Le stanchezze della modernità: Una biografia intelletuale di Jacob Burckhardt*, Rom.

Ghosh, Peter (2008), «After Burckhardt: Max Weber and the Idea of an Italian Renaissance», in: ders., *A Historian Reads Max Weber: Essays on the Protestant Ethic*, Wiesbaden, 201–239.

Gießmann, Sebastian (2014), *Die Verbundenheit der Dinge. Eine Kulturgeschichte der Netze und Netzwerke*, Berlin.

Gombrich, Ernst (1969), *In Search of Cultural History*, Oxford.

Gossman, Lionel (2000), *Basel in the Age of Burckhardt: A Study in Unseasonable Ideas*, Chicago/London.

Hammer-Purgstall, Joseph von (1827–35), *Geschichte des Osmanischen Reiches, grosstheils aus bisher unbenützten Handschriften und Archiven*, 10 Bde., Pesth.

Harari, Yuval Noah (2014), *Sapiens: A Brief History of Humankind*, London.

Hardtwig, Wolfgang (1974), *Geschichtsschreibung zwischen Alteuropa und moderner Welt. Jacob Burckhardt in seiner Zeit*, Göttingen (= Schriftenreihe der Historischen Kommission der Bayerischen Akademie der Wissenschaften, Bd. 11).

Hardtwig, Wolfgang (1990), «Jacob Burckhardt und Max Weber. Zur Genese und Pathologie der modernen Welt», in: ders., *Geschichtskultur und Wissenschaft*, München, 189–223.

Hardtwig, Wolfgang (2006), «Jacob Burckhardt (1818–1894)», in: Raphael, Lutz (Hg.), *Klassiker der Geschichtswissenschaft*, Bd. 1, München, 106–122.

Hardtwig, Wolfgang / Müller, Philipp, Hgg. (2010), *Die Vergangenheit der Weltgeschichte. Universalhistorisches Denken in Berlin 1800–1933*, Göttingen.

Hesketh, Ian (2014), «The Story of Big History», in: *History of the Present: A Journal of Critical History* 4:2, 171–202.

Hinde, John R. (2000), *Jacob Burckhardt and the Crisis of Modernity*, Montreal.

Hofmann, Hasso (1971), «Jacob Burckhardt und Friedrich Nietzsche als Kritiker des Bismarckreiches», in: *Der Staat* 10:4, 433–453.

Hudson, G. F. (1961), «British Historical Writing on Japan», in: Beasley, William G. / Pulleyblank, Edwin G. (Hgg.), *Historians of China and Japan*, London, 322–327.

Inglebert, Hervé (2014), *Le monde, l'histoire: Essai sur les histoires universelles*, Paris.

Jaspers, Karl (2017), *Vom Ursprung und Ziel der Geschichte* [1949], hg. v. Kurt Salamun, Basel (= Karl Jaspers Gesamtausgabe, Bd. I/10).

Jones, Jonathan (2018), «Meet Jacob Burckhardt, the Thinker who Invented 'Culture'», in: *The Guardian*, 30. Mai 2018.

Kaegi, Werner (1947–82), *Jacob Burckhardt: Eine Biographie*, 7 Bde. in 8 Teilbdn., Basel/Stuttgart.

Kalveram, Gertrud (1933), *Die Lehre von den Wirtschaftsstufen*, Leipzig.

Kaube, Jürgen (2018), «Historiker Jacob Burckhardt: Altgierig auf jede große Einzelheit», in: *Frankfurter Allgemeine Zeitung*, 25. Mai 2018.

Kittsteiner, Heinz Dieter (2004), *Out of Control. Über die Unverfügbarkeit des historischen Prozesses*, Berlin.

Koselleck, Reinhart (2010), «Lernen aus der Geschichte Preußens?» [1984], in: ders., *Vom Sinn und Unsinn der Geschichte. Aufsätze und Vorträge aus vier Jahrzehnten*, hg. v. Carsten Dutt, Berlin, 151–174.

Kracauer, Siegfried (2009), *Geschichte – vor den letzten Dingen*, hg. v. Ingrid Belke (= Werke, Bd. 4), Frankfurt a.M.

Kumar, Krishan (2014), «The Return of Civilization – and of Arnold Toynbee?», in: *Comparative Studies in Society and History* 56:4, 815–843.

Lampe, Markus / Ploeckl, Florian (2014), «Spanning the Globe: The Rise of Global Communications Systems and the First Globalisation», in: *Australian Economic History Review* 54:3, 242–261.

Lang, Michael (2011), «Globalization and Global History in Toynbee», in: *Journal of World History* 22:4, 747–783.

Lang, Michael (2014), «Histories of Globalization(s)», in: Duara et al., 399–411.

Lewis, Bernard / Holt, Peter M., Hgg. (1962), *Historians of the Middle East*, London.

Macintyre, Stuart / Maiguashca, Juan / Pók, Attila, Hgg. (2011), *The Oxford History of Historical Writing*. Bd. 4: *1800–1945*, Oxford.

Malcolm, John (1815), *The History of Persia*, 2 Bde., London.

Manias, Chris (2012), «The Growth of Race and Culture in Nineteenth-Century Germany: Gustav Klemm and the Universal History of Humanity», in: *Modern Intellectual History* 9:1, 1–31.

Manias, Chris (2013), *Race, Science, and the Nation: Reconstructing the Ancient Past in Britain, France and Germany*, London/New York.

Manning, Patrick (2003), *Navigating World History: Historians Create a Global Past*, New York.

Martin, James R. (2010), «The Theory of Storms: Jacob Burckhardt and the Concept of 'Historical Crisis'», in: *Journal of European Studies* 40:4, 307–327.

Marx, Karl (2015), «Zur Kritik der politischen Ökonomie, Vorwort» [1859], in: *Marx-Engels-Werke*, Bd. 13, 12. Aufl., Berlin, 7–11.

Marx, Karl / Engels, Friedrich (1990), «Manifest der Kommunistischen Partei» [1848], in: *Marx-Engels-Werke*, Bd. 4, 11. Aufl., Berlin, 459–493.

Mazlish, Bruce / Buultjens, Ralph, Hgg. (1993), *Conceptualizing Global History*, Boulder, CO.

McNeill, William H. (1963), *The Rise of the West: A History of the Human Community*, Chicago/London.

McNeill, William H. (1989), *Arnold J. Toynbee: A Life*, Oxford.

McNeill, William H. (1998), «World History and the Rise and Fall of the West», in: *Journal of World History* 9, 215–236.

Meyer, Kurt (2009), *Jacob Burckhardt. Ein Portrait*, München.

Mommsen, Wolfgang J. (1981), «Die antinomische Struktur des politischen Denkens Max Webers», in: *Historische Zeitschrift* 233, 36–64.

Morris, Ian (2013), *Why the West Rules – for Now: The Patterns of History, and What They Reveal about the Future*, New York.

Monnet, Pierre (2015), «Die französische Geschichtswissenschaft auf dem Weg zur Globalgeschichte», in: *Geschichte in Wissenschaft und Unterricht* 66, 181–195.

Muhlack, Ulrich (2010), «Das Problem der Weltgeschichte bei Leopold Ranke», in: Hardtwig/Müller, 143–171.

Naumann, Katja (2018), *Lehre und Forschung an den Universitäten Chicago, Columbia und Harvard 1918 bis 1968*, Göttingen (= Transnationale Geschichte, Bd. 7).

Neumann, Michael / Stüssel, Kerstin, Hgg. (2011), *Magie der Geschichten. Weltverkehr, Literatur und Anthropologie in der zweiten Hälfte des 19. Jahrhunderts*, Konstanz.

Nichols, James Hastings (1943), «Jacob Burckhardt», in: Burckhardt (1943), 3–76.

Olstein, Diego (2015), *Thinking History Globally*, Basingstoke.

Osterhammel, Jürgen (2000), «'Peoples without History' in British and German Historical Thought», in: Stuchtey, Benedikt / Wende, Peter

(Hgg.), *British and German Historiography: Traditions and Transfers*, Oxford, 265–288.

Osterhammel, Jürgen (2001), «'Höherer Wahnsinn': Universalhistorische Denkstile im 20. Jahrhundert», in: ders., *Geschichtswissenschaft jenseits des Nationalstaats. Studien zu Beziehungsgeschichte und Zivilisationsvergleich*, Göttingen (= Kritische Studien zur Geschichtswissenschaft, Bd. 147), 170–182.

Osterhammel, Jürgen (2011), «World History», in: Schneider, Axel / Woolf, Daniel R. (eds), *Oxford History of Historical Writing*, vol. 5: *Historical Writing since 1945*, Oxford, 93–112.

Osterhammel, Jürgen (2017), «Arnold J. Toynbee and the Problems of Today», in: *Bulletin of the German Historical Institute Washington*, no. 60 (spring 2017), 69–87.

Osterhammel, Jürgen (2018), «Nachwort», in: Jacob Burckhardt, *Weltgeschichtliche Betrachtungen*, München, 279–297.

Osterhammel, Jürgen (2018), *Unfabling the East: The Enlightenment's Encounter with Asia*, übers. v. Robert Savage, Princeton, NJ/Oxford.

Osterhammel, Jürgen (2019), «Global History», in: Burke, Peter / Tamm, Marek (Hgg.), *Debating New Approaches in History*, London, 21–47.

Parthasarathi, Prasannan / Pomeranz, Kenneth (2018), «The Great Divergence Debate», in: Roy, Thirtankar / Riello, Giorgio (Hgg.), *Global Economic History*, London, 19–37.

Penny, H. Glenn (2019), *Im Schatten Humboldts. Eine tragische Geschichte der deutschen Ethnologie*, München.

Ranke, Leopold v. (1834–36), *Die römischen Päpste, ihre Kirche und ihr Staat im sechzehnten und siebzehnten Jahrhundert*, 3 Bde., Berlin.

Rebenich, Stefan (2018), «Der Prophet aus Basel», in: *Zeitschrift für Ideengeschichte* 12:1 (Frühjahr), 29–44.

Reinhardt, Volker (2004), «Die Renaissance-Tyrannis als Laboratorium der Moderne: Epochenwandel bei Jacob Burckhardt», in: Cesana/Gossman, 49–66.

Reinhardt, Volker (2018), «Er suchte das Dämonische in der Geschichte», in: *Neue Zürcher Zeitung*, 25. Mai 2018.

Ritter, Henning (2003), «Es muss ein Genuß gewesen sein, mit ihm zu sprechen. Wie hat Jacob Burckhardt das gemacht? Eine fesselnde Ausgabe seiner Vorträge vor gemischtem Publikum», in: *Frankfurter Allgemeine Zeitung*, 4. November 2003.

Roeck, Bernd (2018), «Der Modernitätsmüde», in: *Die Zeit*, Nr. 22, 24. Mai 2018, 39.

Ruehl, Martin A. (2006), «Kentaurenkämpfe: Jacob Burckhardt und das Allgemeine», in: Hagner, Michael / Laubichler, Manfred D. (Hgg.), *Der Hochsitz des Wissens. Das Allgemeine als wissenschaftlicher Wert*, Zürich/Berlin, 23–72.

Ruehl, Martin A. (2013), «Das Allgemeine und sein Bild. Zur Geschichts-philosophie Jacob Burckhardts», in: *Historische Zeitschrift* 296:1, 49–83.

Ruehl, Martin A. (2015), *The Italian Renaissance in the German Historical Imagination, 1860–1920*, Cambridge.

Ruehl, Martin A. (2018), «Jacob Burckhardt und der Islam», in: *Zeitschrift für Ideengeschichte* 12:1 (Frühjahr), 11–22.

Sachsenmaier, Dominic (2011), *Global Perspectives on Global History: Theories and Approaches in a Connected World*, Cambridge.

Sachsenmaier, Dominic (2015), «The Evolution of World Histories», in: Wiesner-Hanks, Merry (Hg.), *The Cambridge World History*, Bd. 1, Cambridge, 56–83.

Sachsenmaier, Dominic (2019), «Global History», in: Juergensmeyer, Mark / Sassen, Saskia / Steger, Manfred B. (Hgg.), *The Oxford Handbook of Global Studies*, Oxford, 113–126.

Salomon, Albert (2010), «Jenseits der Geschichte: Jacob Burckhardt» [1945], in: ders., *Werke*, Bd. 3: *Schriften 1942–1949*, hg. v. Peter Gostmann u. Claudius Härpfer, Wiesbaden, 137–190.

Sammet, Kai (2018), «Denkfiguren aus dem 19. Jahrhundert. Jacob Burckhardts «Weltgeschichtliche Betrachtungen» sind anlässlich seines 200. Geburtstags neu erschienen», in: *literaturkritik.de*, Nr. 8, August 2018, https://literaturkritik.de/burckhardt-weltgeschichtliche-betrachtungen-denkfiguren-aus-dem-19-jahrhundert,24724.html [Zugriff am 14.6.2019].

Schleier, Hans (2003), *Geschichte der deutschen Kulturgeschichtsschreibung*, 2 Bde., Waltrop.

Schmid, Alfred (2012), «Zur Konzeption des Geschichtlichen bei Jacob Burckhardt. Überlegungen anlässlich der Neuedition des vierten Bandes der Griechischen Culturgeschichte», in: *Archiv für Kulturgeschichte* 94:2, 433–449.

Schulin, Ernst (1979), «Universalgeschichtsschreibung im zwanzigsten Jahrhundert», in: ders., *Traditionskritik und Rekonstruktionsversuch. Studien zur Entwicklung von Geschichtswissenschaft und historischem Denken*, Göttingen, 163–202.

Schulin, Ernst (1983), *Burckhardts Potenzen- und Sturmlehre. Zu seiner Vorlesung über das Studium der Geschichte (den Weltgeschichtlichen Betrachtungen)*, Heidelberg (= Heidelberger Akademie der Wissenschaften, Philosophisch-historische Klasse, Sitzungsberichte 1983/2).

Schulin, Ernst (1994), «Kulturgeschichte und die Lehre von den Potenzen. Bemerkungen zu zwei Konzepten Burckhardts und ihrer Weiterentwicklung im 20. Jahrhundert», in: Boockmann, Hartmut / Jürgensen, Kurt (Hgg.), *Nachdenken über Geschichte. Beiträge aus der Ökumene der Historiker. In memoriam Karl Dietrich Erdmann*, Neumünster, 145–156.

Schulin, Ernst (1997), «Jacob Burckhardt (1818–97): Weltgeschichtliche Betrachtungen», in: Reinhardt, Volker (Hg.), *Hauptwerke der Geschichtsschreibung*, Stuttgart, 78–81.

Schulin, Ernst (2005), «Zeitgemäße Historie um 1870. Zu Nietzsche, Burckhardt und zum 'Historismus'», in: *Historische Zeitschrift* 281, 33–58.

Seibt, Gustav (2012), «Blauforschendes Auge, eher schreckend», in: *Süddeutsche Zeitung*, 24. Januar 2012.

Seibt, Gustav (2013), «Dem Niagara entgegen. Über Jacob Burckhardts Vorlesungen zur Geschichte des Revolutionszeitalters», in: ders., *Goethes Autorität. Aufsätze und Reden*, Springe, 103–114.

Seibt, Gustav (2018), «Explosion des Neuen», in: *Süddeutsche Zeitung*, 25. Mai 2018.

Sigurdson, Richard (2004), *Jacob Burckhardt's Social and Political Thought*, Toronto.

Singaravélou, Pierre / Venayre, Sylvain, Hgg. (2017), *Histoire du monde au XIXe siècle*, Paris.

Stadelmann, Rudolf (1949), «Jacob Burckhardts Weltgeschichtliche Betrachtungen», in: *Historische Zeitschrift* 169, 31–72.

Standen, Naomi / Holmes, Catherine (2018), «Introduction: Towards a Global Middle Ages», in: *Past & Present*, Supplement 13, 1–44.

Stanziani, Alessandro (2018a), *Les entrelacements du monde: Histoire globale, pensée globale, XVIe–XXe siècles*, Paris.

Stanziani, Alessandro (2018b), *Eurocentrism and the Politics of Global History*, Cham.

Stern, Fritz / Osterhammel, Jürgen, Hgg. (2011), *Moderne Historiker. Klassische Texte von Voltaire bis zur Gegenwart*, München.

Subrahmanyam, Sanjay (1997), «Connected Histories: Notes towards a Reconfiguration of Early Modern Eurasia», in: *Modern Asian Studies* 31:3, 735–762.

Tauber, Christine (2010), «'Das Ganze der Kunstgeschichte'. Franz Kuglers universalhistorische Handbücher», in: Hardtwig/Müller, 91–121.

Titsingh, Isaac (1820), *Mémoires et anecdotes sur la dynastie régnante des Djogouns, souverains du Japon*, Paris.

Toynbee, Arnold J. (1934–61), *A Study of History*, 12 Bde., London.

Trevor-Roper, Hugh (2010), «Jacob Burckhardt», in: ders., *History and the Enlightenment*, New Haven, CT / London, 246–265.

Tucker, Aviezer, Hg. (2009), *A Companion to the Philosophy of History and Historiography*, Oxford.

Vaisse, Pierre (2004), «Burckhardts Rezeption in Frankreich», in: Cesana/Gossman, 149–169.

Vom Hove, Oliver (2018), «Kulturhistoriker Jacob Burckhardt: Vom Nutzen und Nachteil der Historie», in: *Der Standard* (Wien), 25. Mai 2018.

Walser Smith, Helmut (2012), «Besprechung von Jacob Burckhardt, 'Geschichte des Revolutionszeitalters'», in: *Central European History* 45:2, 328–329.

Weber, Georg (1857–80), *Allgemeine Weltgeschichte mit besonderer Berücksichtigung des Geistes- und Culturlebens der Völker und mit Benutzung der neueren geschichtlichen Forschungen*, 15 Bde., Leipzig.

Weber, Max (2015), *Max Weber-Gesamtausgabe*, Bd. II/3-2: *Briefe 1895–1920*, hg. v. Rita Aldenhoff-Hübinger, Tübingen.

Weil, Gustav (1846–1862), *Geschichte der Chalifen*, 5 Bde., Mannheim/Stuttgart.

Weller, R. Charles, Hg. (2017), *21st-Century Narratives of World History: Global and Multidisciplinary Perspectives*, Cham.

Wenzlhuemer, Roland (2013), *Connecting the Nineteenth-century World: The Telegraph and Globalization*, Cambridge.

White, Hayden (1973), *Metahistory: The Historical Imagination in Nineteenth-century Europe*, Baltimore, MD/London.

Woolf, Daniel R. (2011), *A Global History of History*, Cambridge.

Woolf, Daniel R. (2019), *A Concise History of History: Global Historiography from Antiquity to the Present*, Cambridge.